사도 바울과 새 시대의 윤리

아무것도 아닌 것들의 기쁨

사도 바울과 새 시대의 윤리

아무것도 아닌 것들의 기쁨

김 학 철 지음

문학동네

'위대한 순간'은 문학동네와 연세대학교 인문학연구원이 함께 펴내는 새로운 인문교양 총서다. 이 총서는 문학, 역사, 철학 분야에서 중요한 이정표가 되는 인물이나 사건을 현재적 관점에서 새롭게 조명해보자는 취지에서 출발했다. '지금 여기'의 생동하는 삶에 지혜가 되지 못하는 지식은 공허하다. 우리는 한 사회의 개인이나 사건의 특수성이 역사와 맞물려 보편성을 획득하는 의미 있는 정점을 '위대한 순간'이라 명하고, 그것이 과거의 유산에 머물지 않고 지금까지도 지대한 영향을 미치면서 여전히 '위대한 순간'으로 남을 수밖에 없는 이유를 면밀히 추적하고자 한다. 이를 통해 과거의 빛나던 순간들의 의미를 독자들과 함께 음미하고, 다가올 시간을 위대한 순간으로 빚을 수 있는 인문정신의 토양을 일구고자 한다.

오늘날 인문학은 스스로 자신의 존재이유를 입증하지 않는 한 도태와 쇠퇴로부터 자유로울 수 없다. 한국사회에 비판적 '교양'이 설 자리를 마련하고 이를 통해 인간다움을 복원시킬 문화적 자양분을 제공하지 않는다면 인문학뿐 아니라 우리의 사회 또한 척박한 내일과 조우하게 될 것이다. '위대한 순간'은 우리 모두가 이러한 위기를 슬기롭게 극복할 수 있도록 '즐거운 학문'의 장을 열고자 한다. 상아탑에 갇힌 학문이 모두를 이롭게 하는 복음이 될 때 '즐거운' 학문이 될 수 있다는 판단하에 전문성과 대중성의 조화로운 통합을 시도했다. 또한 연세대학교 인문학연구원의 풍부한 연구진과 국내 학계의 훌륭한 저자들을 두루 포섭하여 주제를 다양화하고 내용의 폭을 넓혔다.

인문학의 기초를 다지고 싶은 이들, 인문학에 관심은 있으나 입구를 찾지 못한 사람들에게 '위대한 순간'은 좋은 길잡이가 될 것이다. 각기 다른 위대한 순간들을 한 순간씩 맛보다 보면 어느 순간 인문학을 아는 것에서 한 걸음 더 나아가 인문학을 실천하는 자신을 발견하게 되리라 믿는다. '위대한 순간'들을 탐사하는 이 지적 여행에 많은 독자들이 함께하기를.

연세대학교 인문학연구원

차 례

머리말 | 바울, 희망의 행로 · 10

1장 | 길 위의 사도
 1. 고대 지중해 세계의 디아스포라 바울 · 21
 2. 예수 운동을 박해한 '바리새인' 바울 · 35
 3. 바울의 급격한 전향 · 57
 4. 예수의 사도 혹은 세상의 쓰레기와 찌꺼기 · 70
 5. 하늘 시민권자 바울과 해체하는 중심 · 88

2장 | 바울의 복음
 1. '좋은 소식들' · 103
 2. 인간 삶의 고통과 한계 · 112
 3. 십자가에 달린 그리스도 · 127

3장 | '교회'라는 전위대
 1. 유사 가족 '에클레시아' · 147
 2. 평등과 연대의 공동체 · 154
 3. 성만찬과 일상의 구원 · 167

4장 | 복음과 에클레시아의 윤리
 1. 가부장제를 벗어난 성평등 · 183
 2. 다문화를 넘어선 사랑의 윤리 · 194
 3. 적대에 맞선 정의 · 214

맺음말 | 바울의 유산과 현대 · 223
주 · 231

일러두기

1 성서 번역: 이 책에서 인용되는 성서 본문의 한글 번역은 기본적으로 '새번역' 판(대한성서공회)을 따른다. 다만 필요한 경우 다른 번역본을 사용하거나 헬라어 및 히브리어 성서에서 직접 번역할 것이다.

2 헬라: 지금도 '헬라인'들은 자신들을 '그리스인'이 아니라 '헬라네스', 곧 '헬라 말을 하는 사람들'이라고 부른다. '그리스'보다 '헬라'로 자신들을 표현하려는 헬라인들의 의사를 존중하는 의미에서, 또 신학에서 관습처럼 사용한다는 점에서 '그리스'보다는 '헬라'라는 표현을 사용할 것이다.

3 야훼: 이스라엘 신의 이름인 'יהוה'는 '여호와'로 쓰지 않고 '야훼'로 쓴다. 고대 히브리어에는 모음 없이 자음만 있었다. 유대인들은 거룩한 그 이름을 함부로 발음하지 않다가 결국에는 어떻게 발음하는지를 잊어버렸다. 그 글자가 나오면 유대인들은 '나의 주님'이라는 뜻의 '아도나이'로 대신 읽었는데, '여호와'는 히브리어 자음을 가지고 라틴식으로 읽는 방식이었다. '여호와'는 나중에 만들어진 이름이지, 본래 이스라엘 신의 이름은 아니었다. 학자들은 '야웨' 혹은 '야훼'를 원래 신의 이름에 가까운 발음으로 추정한다. 이 책에서는 개신교와 가톨릭이 함께 번역한 『공동번역성서』(1977)의 정신에 따라, 또 원래 발음과의 유사성을 존중해 '야훼'라는 호칭을 사용한다.

4 하느님: 하느님은 '하늘'과 '님'이 결합하여 생긴 우리의 고유한 말이다. 이는 하늘이라는 높고 크고 거침없는 곳에 계신 '임', 곧 신神을 가리킨다. 개신교는 신의 이름으로 주로 '하나님'을 쓴다. '하늘'이 '하ᄂᆞᆯ'에서 비롯되었고, 그것을 '하날'로도 읽었기 때문에 '하나님'이라는 표현이 잘못된 것은 아니다. 하지만 이 책에서는 비기독교인에게도 널리 쓰이는 '하느님'을 사용하기로 한다. 이 책이 주로 인용하는 '새번역' 성서는 '하나님'으로 쓰지만, 신의 이름만은 '하느님'으로 고쳐 쓴다. '하나님'을 선호하는 개신교인 중에는 성서의 신이 유일신임을 강조하기에 '하나님'이 좋다고 주장하기도 하지만, '하나님'의 '하나'를 숫자 '하나'로 이해하는 것은 적절치 않다. 그것은 플로티노스의 '일자一者'를 연상시킨다. 기독교 신학은 신플라톤주의자들의 '일자' 이해에 저항하며 성서적 신의 독특성을 살리려 했다.

'아무것도 아닌 것들'에게

바울, 희망의 행로

조선에 기독교가 들어온 역사를 가만히 떠올리면 기묘하기 그
지없다. 조선은 기독교'인'을 만나 기독교를 안 것도, 기독교를
'종교'로 대면한 것도 아니었다. 대신 기독교의 '책'과 '지도'가
기독교를 알렸다. 17세기 초 조선의 지식인들은 마테오 리치가
한문으로 쓴 『천주실의天主實義』와 세계지도를 통해 중국 너머
의 고도로 발달한 서양 종교와 문명을 발견했다. 특별히 개신교
선교 역사를 보면 기이할 정도인데, 개신교 선교사는 이미 한글
로 번역된 성서를 가지고 조선에 들어왔다. 선교사가 파송되기
전에 성서가 해당 지역의 언어로 먼저 번역된 경우는 세계 기독
교사에서 유례를 찾아볼 수 없다. 대개 선교사들이 파송되고, 그
들이 현지어를 익힌 후에야 성서가 번역되는 순서였다. 조선의
선교 역사는 조선인들의 기독교 수용이 주체적 판단의 결과임

을 보여준다.

　조선의 특수한 기독교 선교 역사가 의미하는 바는 어렵지 않게 짐작할 수 있다. 당시 적지 않은 조선 민중과 지식인은 성리학의 세계 이해에서 더이상 희망을 찾을 수 없었다. 기독교는 새로운 삶과 세상을 희구하는 사람들에게 유력한 대안으로 검토되고 수용되었다. 민족과 나라의 운명을 건 진지한 탐험 속에 기독교는 적지 않은 조선인을 매료시켰다. 기독교의 무엇이 그들의 갈급한 마음을 해갈해주는 생명수 같았을까?

　우리나라에서 기독교는 매우 미미하게, 그리고 박해 속에서 시작되었으나 오늘날에는 그 규모나 영향력 면에서 가장 큰 종교가 되었다. 그러나 기독교의 기백과 정신은 시시하고 사사로워졌다. 처음 이 땅에 전래될 때 기독교는 초라한 종교가 아니었는데 왜 이렇게 되었을까? 여러 대답이 가능하다. 그러나 이 책은 이 질문에 답하고자 하지 않는다. 또 한국의 기독교 비판도 이 책의 목적이 아니다. 누구나 다 아는 그런 비판을 반복해서 무엇하겠는가. 이 책은 우리 조상들이 기독교를 처음 만났던 그 만남의 방식을 다시 되풀이하고자 한다. 기독교'인'도 기독교 '종교 제도'도 아닌, 기독교의 '책'을 들고 우리가 다시 희망을 찾을 수 있는지, 그래서 우리 선조들처럼 새 희망에 가슴 벅찰 수 있는지를 독자들과 함께 가늠해보고자 한다.

　나는 대학에서 기독교를 가르치는 일을 직업으로 갖고 있다. '가르치는 게 가장 큰 배움'이라는 격언은 옳다. 기독교 집안에서 태어나 기독교인으로 자라고, 기독교를 공부하고 기독교 목사이자 신학자가 된 나는, 단 한 번도 기독교 밖의 세상으로 나가본 적이 없다. 그런 내가 학생들을 가르치면서 그동안 비기독교인들을 이해하지 못하고 살았음을 알게 되었다. 비종교인, 특히 비기독교인에게 기독교의 용어와 사고는 알아들을 수 없는 외국어와 같다. 나는 학생들과 만나면서 끊임없이 비기독교인의 사고와 세계를 배웠다. 그들의 눈으로 오늘날 한국 사회의 기독교를 바라보니 이 종교가 기괴하기 짝이 없다. 그러나 놀라운 사실 하나. 비기독교인의 세계를 알아가자 도리어 기독교의 장점 또한 선명해지기 시작했다. 비로소 나는 그들에게 '복음'을 말해줄 수 있다는 확신이 들었다. 물론 이 복음은 기독교인이 되라는 권면하고는 별 상관이 없다. 최근 유럽의 철학자들, 가령 자크 데리다, 알랭 바디우, 테리 이글턴, 슬라보예 지젝, 조르조 아감벤 등이 기독교를 다시 살펴보려는 시도가 내가 전하려는 복음과 유사한 점이 있다는 것도 발견하게 되었다. 그들이 기독교에 주목하는 현상 뒤에는 그 현상을 만들어낸 기독교의 급진성이 있고, 지금은 특별히 성서의 급진성이 매우 필요한 시대다. 미리 말해두자면, 성서의 급진성은 사랑의 급진성, 절대자가 '아무것도 아닌 것'이 되어감으로써 발생하는 급진성이다.

이 책은 바울이라는 초기 기독교의 한 위대한 인물이 지중해 세계를 대상으로 벌인 언행을 다룬다. 나는 바울이 전한 복음과 그의 삶에서 '아무것도 아닌 것들의 기쁨'을 발견하리라 믿는다. 바울은 이렇게 쓴다.

형제자매 여러분, 여러분이 부르심을 받을 때에, 그 처지가 어떠했는지 생각하여 보십시오. 육신의 기준으로 보아서, 지혜 있는 사람이 많지 않고, 권력 있는 사람이 많지 않고, 가문이 훌륭한 사람이 많지 않았습니다. 그런데 하느님께서는, 지혜 있는 자들을 부끄럽게 하시려고 세상의 어리석은 것들을 택하셨으며, 강한 것들을 부끄럽게 하시려고 세상의 약한 것들을 택하셨습니다. 하느님께서는 세상에서 비천한 것들과 멸시받는 것들을 택하셨으니 곧 잘났다고 하는 것들을 없애시려고 아무것도 아닌 것들을 택하셨습니다.(『고린도전서』 1:26-28)

바울이 이해한 '복음'은 하느님이 "세상에서 비천한 것들과 멸시받는 것들", 곧 "아무것도 아닌 것들"을 택한 데에서 시작하는 이야기다. 마지막 문장에서 바울이 "잘났다고 하는 것들"의 상대어로 "아무것도 아닌 것들"을 제시한 것은 참으로 현실에 대한 적확한 표현이라 할 만하다. 통상 '잘난 것'의 상대어는 '못난 것'이다. 그러나 실상 우리의 삶에서 '잘난 것'의 상대어는 마치 존재하지도 않는 것과 같이 '아무것도 아닌 것'이 아닌가. 그러한 '아무것도 아닌 것'이 기쁨으로 맞이했을 바울의 복음은 무엇이었을까?

예수는 알아도 바울에 대해서는 잘 모르는 독자도 많을 것이다. 혹자는 이렇게 비유한다. "마르크스에게 레닌이 있고, 프로이트에게 (융이 아니라) 라캉이 있다면, 예수에게는 바울이 있다." 마치 동학의 창시자 수운 최제우에게 해월 최시형이 있었던 것처럼. 한때 바울은 기독교의 실질적 창시자로 불렸다. 예수는 신앙의 대상이지만, 그에 대한 신앙을 체계적으로 설명하여 기독교라는 종교를 탄생시킨 사람은 바로 바울이라는 뜻이다.

이것은 찬사이자 동시에 비난이었다. 가령 니체는 창백하고 순결한 예수와 그의 메시지를 증오의 정서를 가지고 왜곡한 원흉으로 바울을 꼽았다. 반면 바울의 글을 통해 종교개혁을 이룬 마르틴 루터의 후예들인 프로테스탄트, 곧 개신교 신학자들 가운데는 예수보다 바울을 연구하느라 전 생애를 바친 이들이 적지 않다.

이 책을 쓰는 내내 19세기 위대한 신학자이자 해석학의 '아버지'격인 프리드리히 슐라이어마허의 『종교론』에 달려 있는 부제('종교를 멸시하는 교양인을 위한 강연')가 마음에서 떠나지 않았다. 계몽주의와 무신론이 본격화된 이후에 종교가 몰락할 것이라고 예상하는 '교양인'에게 종교와 인간을 해명하는 그 책의 목표를 공유하고 싶어졌다. 20세기 중반 이후 종교가 점차 사라질 것이라는 상당수 지식인의 예언을 비웃듯 종교 인구는 더욱 증가하고 있다. 도리어 인문지식과 과학지식을 갖춘 '교양인'들의 '종교 문맹religious illiteracy' 문제가 대두되고 있다.[1] 인간은 종교를 타자화할 수 없다. 하여 이 시대의 '교양인', 고정관념과 선입관 속에 종교를 바라보는 이들에게 기독교의 진면목을 한 자락 들려주어야겠다는 생각이 간절하게 들었다. 이런 취지에서 이 책은 독자들에게도 열린 마음을 요청하는 한편, 친절한 설명을 덧붙여 기독교인이거나 신학 전공자가 아니어도 어렵지 않게 읽을 수 있도록 했다. 또한 독자들이 다음과 같은 사항들을 유념하면서 책을 읽어나갔으면 한다.

첫째, 우리는 기독교의 성서를 단지 한 종교의 경전으로만 봐서는 안 된다. 성서는 세계 문화, 특별히 서양 정신문화의 근간이다. 특정 신앙을 가진 이들에게만 유의미한 글이 아니고, 인류의 고전이다. 이러한 성서는 난관에 부딪힌 21세기 현 인류에게, 오래된 그러나 신선한 통찰을 제공할 수 있다. 작가 알랭 드 보통은 종교를 종교인들에게만 맡겨두기엔 그것이 가진 자원이 너무나 크다고 말한 적이 있다. 성서 역시 기독교인들의 손에만 놓아두기에는 너무나 아깝다.

둘째, 우리가 다룰 바울의 글들은 1세기 그레코-로만[2] 세계에서 기록된 것이다. 그렇기에 당시 세계를 이해하는 데 긴요한 배경 지식을 설명하면서 그때나 이제나 여전한 인간의 근본 문제가 무엇인지를 점검해보고자 한다. 곧 지금의 우리와 다른 낯선 세계의 풍경 속으로 들어가 그곳에서 살아갔던 1세기 인간들의 삶의 모습을 제시하는 동시에, 그 세계와 우리가 공유하는 사람살이의 고단함과 희망을 탐색한다.

셋째, 바울의 글을 읽으면서 성찰, 곧 자기 돌아봄과 자기 초월을 통해 이른바 '도야陶冶'의 의미를 되새기고자 한다. 이것은 종교 전통에서 흔히 찾아볼 수 있는 것이나, 현대의 과학주의 문화 속에서 다소 도외시되었던 것이 사실이다. 최근 들어 인성교육 실시를 법제화하기도 하는데, 교육이 지식의 축적 이상임을 각성한 결과라고 할 수 있다. 물론 이 책은 감히 인생을 가르치려 들지 않는다. 다만 바울의 복음에서 '도야'의 차원을 들춰내어 우리 자신을 들여다보는 기회를 가질 수 있다.

마지막으로 나는 글을 되도록 어렵지 않게 쓰려고 한다. 학문을 직업으로 하는 나 자신도 읽기에 난삽한 학자들의 글에 넌더

리가 난다. 직업상 하는 수 없이 그런 조야하고 불친절한 글도 읽을 수밖에 없지만, 전문적 지식사회 밖에서 그들이 구사하는 '천상의 언어'가 읽히고 수용될 리 만무하다. 불가피하게 어려운 게 아니라 불필요하게 어려운 글에는 야유를 보내야 한다. 나는 이 책에서 가능하면 일상어로, 구어체에 가깝게 쓰도록 노력할 것이다. 또한 난삽하지 않은 선에서 본문 이해에 도움을 줄 주석을 달았다. 주석에 전문도서를 줄줄이 열거해 현학을 과시하는 어리석음을 범하기 싫다. 더욱 상세한 이해를 원하는 독자들을 위해 인터넷에서도 쉽게 구해볼 수 있는 자료들을 소개하려고 노력했다. 이 책은 전문도서가 아닌 교양서이기에, 내 독창적인 견해를 제시하기보다는 기존 해석에 나의 관점을 덧붙이고 버무려 새 맛이 나게 하는 데 중점을 두었다. 필요한 경우에는 전문적인 논의를 간명하게 덧붙였다.

　이 글은 연세대학교 인문학연구원의 원장이신 윤혜준 교수님(영문학과)과 학술부장 조대호 교수님(철학과)의 집필 권유에서 시작되었다. 기회를 주신 두 분과 문학동네 출판사의 호의에 감사드린다. 이 책은 문학동네와 연세대학교 인문학연구원이 함께 펴내는 '위대한 순간' 총서에 속해 있다. "한 사회의 개인이나 사건의 특수성이 역사와 맞물려 보편성을 획득하는 의미 있는 정점을 '위대한 순간'이라 명하고," "문학, 역사, 철학 분야에서 중요한 이정표가 되는 인물이나 사건을 현재적 관점에서 새롭게 조명"하며, "이를 통해 과거의 빛나던 순간들의 의미를 독자들과 함께 음미하고, 다가올 시간을 위대한 순간으로 빚을 수 있는 인문정신의 토양을 일구고자" 하는 것이 총서의 기획 의도인데, 바울만큼 그 주제에 걸맞은 인물도 없다. 바울은 가장 극적인 전향의 순간을 맞은 사람들의 대표이며, 그 전향의 순간이 기독교를 탄생시켰다고 평가받기 때문이다. 곧 바울은 한 개인의 전향이 세계의 역사와 잇닿는 '위대한 순간'을 극적으로 보여주는 인물이다.

나는 고대 지중해 세계의 도시들을 누빈 바울을 '지금 여기'의 관점에서 해석하고자 한다. 도시라는 생생한 욕망의 집합소에서 나타나는 지혜, 권력, 경계, 계급, 평등, 호혜, 희망 등 온갖 인간사의 과거와 현재, 거기와 여기를 엮어보려 한다. 나는 그간 전공인 성서학 외에도 '성서문예학'이라는 이름 아래 성서와 시각예술(렘브란트, 앤디 워홀, 사무엘 박 등)을 연결하는 작업을 해왔다. 이 책을 통해 나는 최근 소수의 성서학자들 사이에서 시도되는 '성서인문학'의 한 지류를 만들고자 한다. '성서인문학'이란, 종교와 거리를 둔 채 인간을 묻는 학문 전반을 가리키는 인문학을 다시 성서와 연결하려는 학문적 노력을 뜻한다. 인문人文이란 인간의 무늬, 곧 인간 삶의 무늬에 관한 성찰일 텐데, 그런 의미에서 이 책은 종교와 인문학을 관류하는 성서인문학의 맥락 속에 있다.

고대 지중해 세계에서 안온한 삶을 살 수도 있었던 한 사내, 바울은 온갖 고난 속에서 모든 경계를 가로지르며 질주했다. 그를 내몰았던 무섭고도 매혹적인 '복음'이 무엇이었는지, 이 책이 고스란히 드러낼 수 있다면 더 바랄 것이 없겠다. 바울은 우주적 꿈을 꾸며 연대하는 사람의 튼튼한 발걸음에 희망을 걸었다. 우리의 희망이라고 다른 데 있을 리 없다.

1장

길 위의 사도

1. 고대 지중해 세계의 디아스포라 바울

디아스포라 유대인

위대한 가문의 후손이라도 고대인들의 출생연도를 알기는 쉽지 않다. 바울 역시 그러하다. 아마 예수보다는 어린 나이였겠지만, 열 살 차이가 채 나지 않았을 것이다. 물론 태어난 해를 정확히 알 수는 없다. 다만 바울은 당대에 오래 산 편에 속한다. 그가 쓴 글들로 추정해보면, 대략 기원후 60년대 중반까지 산 듯하니 평균 연령이 채 서른 살이 되지 못하던 당시에는 꽤 장수했다고 말할 수 있다. 바울이 언제 어떻게 죽었는지도 정확히 알지 못한다. 그의 죽음에 관해서는 전설만이 전해진다. 그는 로마에서 목이 베여 죽었다고 한다. 네로 황제 치하에서 일어난 순교였다.[3] 바울의 잘린 머리는 땅에 세 번 튀었고, 머리가 닿은 곳마다 물이 솟아났다고 한다. 지금 로마에는 그의 목을 벤 단두대와 물이 솟은 '세 분수'(트레 폰타네^{Tre Fontane}) 터에 '사도 바울 순교 교회'가 세워져 있다.

우리가 지금까지 '바울'이라고 부른 사람은 '바오로' 혹은 '바울로'라고도 음역해서 부르는데, 헬라어로 된 편지에서 '바울'은 자신을 '파울로스^{Παῦλος}'로 쓴다. 라틴어로는 '파울루스^{Paulus}'다. 헬라어에서는 사람 이름의 어미도 변화한다. 가령 '바울에게'라고 쓸 때 주격어미 '-ος' 대신 여격어미 '-ῳ'가 붙는다.(Παύλῳ) 영어, 이탈리아어, 스페인어, 포르투갈어, 프랑스어 등의 유럽 언어에서 이 이름은 어미를 뺀 'Paul'이나 어미가 축약된 'Paulo' 혹은 'Paolo'로 음역되었고, 우리나라 기독교는 이를 '바울', '바오로', '바울로' 등으로 번역했다. 외래어 표기법에 따르자면 '바울'보다는 '파울'이, '바오로'나 '바울로'보다는 '파오로' 혹은 '파울로'가 맞는 표기다. 개신교에서 주로 쓰는 '바울'은 'Paul'을 음역한 것으로 보이고, 가톨릭에서 사용하는 '바오로'와 '바울로'는 'Paolo'나 'Paulo'를 음역한 것으로 보인다.

이 '바울'에게는 다른 이름이 있었다. 바로 히브리식 이름인 '사울'이다. 그는 이스라엘을 구성하는 12지파 중 하나인 베냐민 지파 출신이었는데, 이스라엘의 초대 왕 이름이 또한 사울이었다. 오늘날 해외 교포가 이민국에서의 이름과 우리말 이름을 동시에 갖고 있듯 바울 역시 그러했다. 이 두 개의 이름은 그가 '유대인'[4]으로서 로마 제국의 통치 아래 살았음을, 또 그의 부모가 '디아스포라 유대인'임을 알려준다. '디아스포라^{diaspora}'는 문자적으로 '흩어졌다'라는 뜻으로, 이른바 '거룩한 땅'인 팔레스타인을 떠나 지중해 세계 이곳저곳에 흩어져 사는 유대인들을 '디아스포라 유대인'이라고 불렀다. 바울의 부모는 팔레스타인 북쪽 길리기아 지방(지금의 터키 남부)의 '다소'(타르수스^{Tarsus})로 옮겨갔고, 그곳에서 바울을 낳았다. 이런 '흩어진 유대인'이 나타난 것은 질곡의 역사와 관련이 있었다.

　'디아스포라 유대인'은 바울과 1세기 기독교를 이해하는 데 중요한 요소다. 기원전 587/586년경 바빌로니아 제국은 남유다 왕국의 수도 예루살렘을 정복하고 많은 유대인을 바빌로니아 땅 이곳저곳에 전쟁 포로로 끌고 갔다.[5] 이후 바빌로니아 제국을 무너뜨린 페르시아는 끌려온 유대인들이 고향으로 돌아가도 좋다고 허가해주었지만, 정착해 살던 적지 않은 유대인들은 폐허가 되었을 예루살렘으로 돌아갈 엄두를 내지 못했다. 그래도 일단의 유대인이 귀향하여 예루살렘을 다시 일으켜 세웠다. 이후 지중해 세계의 패권은 페르시아를 물리친 알렉산드로스 대왕의 헬라 제국 수중에 들어가고, 기원전 63년 로마가 마침내 그 통치권을 탈취했다. 유대인들은 헬라 제국 시대에 본격적으로 상인, 노예, 기술자로 지중해 세계 전역에 흩어지기 시작했다. 팔레스타인 인근, 그리고 부유한 도시는 디아스포라 유대인이 정착하기 좋은 곳이었다. 가령 이집트의 도시 알렉산드리아에는 약 10만 명의 유대인이 살았고 나름의 공동체를 형성했다. 이는 당시 알렉산드리아 인구의 약 8분의 1에 해당한다. 또 시리아 지역의 다마스쿠스나 안디옥에도 적지 않은 유대인이 모여 살았다. 소아시아 지역에도 유대인들이 정착했고, 멀리 서쪽으로는 북아프리카의 카르타고, 로마 제국의 수도인 로마에도 살았다. 1세기 당시 로마 시의 유대인 인구는 대략 4만에서 6만 명에 달했다고 전해진다.

　로마 제국 시기 유대인들은 제국 전역에 흩어져 그들만의 종교·인종 공동체를 이루며 살 수 있었는데, 이는 로마 제국이 유대인들에게 주었던 특권인 '렐리기오 리키타^religio licita (공인된 종교)' 덕분이었다. 즉 유대교는 로마에서 공식 인정받은 종교였다. 로마 제국은 제국에 반역하지 않는 한 각 지역의 문화와 종교에 대해 관용 정책을 펼쳤는데, 유대교와 유대인도 '오래된 종교와 민족'으로서 존중받았다. 로마인들은 '오래된 종교와 민족'을 존중하는 태도를 가지고 있었다. 그들에게 '새로운 진리'는 형용모순이다. 진리는 오래전부터 있는 것이지 새롭게 생겨날 수 없다. 이러한 로마인들의 통념은 세네카의 글에 잘 나타나 있다. 그에 따르면 과거 사람들이 후대 사람들보다 항상 우월하다.[6] 유대인들은 자신들의 오랜 역사를 알림으로써 그런 통념을 이용하고자 했고, 그것이 성공한 셈이었다. 가령 로마 황제의 후원을 받은 유대인 역사가 플라비우스 요세푸스는 유대인의 조상 격인 히브리인을 기원전 17~16세기경 이집트를 지배했던 힉소스 민족과 동일시하는 글을 쓰기도 했다. 이러한 노력 덕분에 유대인들은 집회와 결사의 자유가 없던 로마 제국 영토에서 '회당'이라는 종교 건물/모임을 가질 수 있었고, 그곳에서 결집력을 다지면서 그들이 사는 곳에 일정한 영향력을 조직적으로 행사하고자 했다. 예를 들어, 알렉산드리아의 유대인들은 '폴리테우마^politeuma'라는 어느 정도 자율적인 조직을 꾸리고 있었고, 그곳 유대인 지도자들은 이를 통해 다른 민족으로부터 자신들의 권리를 보호하고, 자신들의 고유한 문화와 종교를 유지했다.

앞서 언급했듯 '디아스포라 유대인' 바울은 길리기아의 다소 출신이었다. 바울은 자신이 다소 시 출신이자 그 도시의 시민권을 가지고 있다는 것을 자랑스럽게 선언한다. "나는 길리기아의 다소 출신의 유대 사람으로, 그 유명한 도시의 시민입니다."(『사도행전』 21:39)

다소는 실제로 유명한 도시였다. 1세기에 다소는 문화와 학문의 도시로 명성을 떨쳤다. 로마의 장군 폼페이우스에게 정복당한 이후 다소는 로마 속주인 길리기아 지방의 주도가 되었다. 로마 제국의 초대 황제 아우구스투스는 그곳의 세금을 면제해주고 철학과 수사학의 중심지로 발전시켰다. 티아나의 아폴로니우스가 배움의 장소라기보다는 사치스러운 곳이라며 다소를 떠났지만 여러 문헌에서 다소는 교육과 문화의 도시로 명성을 누렸다. 예를 들어, 고대 학자 스트라보는 다소에 대해 다음과 같이 찬사를 보냈다.

> 다소 사람들은 철학과 모든 지식 분야에 매우 열심히 헌신했다. 학파나 철학자들의 강의에 관해서는 아테네인과 알렉산드리아인, 그밖에 이름 있는 어느 곳도 능가한다. ……다소에는 모든 종류의 수사학파가 존재한다. 많은 인구가 있고, 강력했으며, 수도가 될 만한 특성을 갖추고 있었다.[7]

바울이 몇 살까지 어떤 교육을 받았는지에 관한 자료가 없어 그의 교육 배경을 확실하게 말할 수는 없다. 그러나 다소라는 학

문의 도시에서 로마 제국의 공식 언어 중 하나였던 헬라어를 모
국어로 사용하며 유년 시절을 보낸 것만큼은 확실하다. 헬라어
를 읽고 쓴다는 것은 기본적으로 수사학을 학습했다는 것을 의
미하는데, 그의 글에 나타난 수사학적 능력과 철학적 소양은 그
가 선생을 두고 정식으로 배웠음을 추측케 한다. 그의 수사학과
철학적 소양이 대단히 높은 수준이었는지에 관해서는 논쟁이
있지만, 그의 글에는 배움의 흔적이 뚜렷이 남아 있다. 그가 사
용한 수사학 기법 중 가장 잘 알려진 것이 '디아트리베'였다. 이
것은 가상의 적대자를 상정하고 그의 논리를 논박하면서 자신
의 논지를 전개해나가는 방식이다. 『로마서』에는 유독 그 기법
이 많이 쓰였다.

> 그러므로 남을 심판하는 사람이여, 그대가 누구이든지, 죄가 없다고
> 변명할 수 없습니다. 그대는 남을 심판하는 일로 결국 자기를 정죄하
> 는 셈입니다. 남을 심판하는 그대도 똑같은 일을 하고 있기 때문입니
> 다.(『로마서』 2:1)

『사도행전』은 바울이 연설중에 스토아 철학자 제논의 제자였
던 아라투스의 시 「페노메나Phaenomena」의 첫 구절을 인용했다고
전해주기도 한다.

> 여러분의 시인 가운데 어떤 이들도 '우리도 하느님의 자녀이다' 하
> 고 말한 바와 같이, 우리는 하느님 안에서 살고, 움직이고, 존재하고
> 있습니다.(『사도행전』 17:28)

청소년 시절 예루살렘으로 유학을 간 바울은 헬라어 외에도 히브리어로 된 구약성서를 읽을 줄 알았고, 당시 대다수의 유대인이 사용하던 팔레스타인 아람어도 자유자재로 구사했다. 당시 히브리어는 유대인 가운데서도 소수의 예루살렘 사람만이 종교적 목적으로 사용한 언어로 예루살렘 밖에서 이 언어를 쓰는 사람은 거의 없었다. 아람어는 아시리아 및 바빌로니아 제국 시기 이미 국제 통상어였고, 이후 근동 세계를 제패한 페르시아 제국의 공식 언어 중 하나였다. 구약성서 대부분이 히브리어로 기록되었지만, 페르시아 시대 이후 유대인들도 아람어를 일상어로 사용하면서 히브리어는 종교 언어로 한정되었다.[8] 높은 문맹률을 감안할 때 아람어는 물론이고 히브리어를 읽고 쓸 수 있는 유대인은 많지 않았을 것이다. 반면 바울은 헬라어와 성서 히브리어, 그리고 아람어를 자유로이 읽고 쓰고 말하고 들었다. 또 기초적인 문장을 읽거나 일상적인 회화를 하는 수준에서 라틴어도 구사했을 가능성이 높다.

바울의 다중 언어 사용은 팔레스타인 유대인 및 디아스포라 유대인과 현격히 구분되는 지점이다. 대다수의 팔레스타인 유대인은 제국의 공식어인 헬라어나 라틴어를 고급 수준에서 자유로이 구사하지 못했다. 한편, 디아스포라 유대인은 히브리어나 아람어를 구사하지 못했고 제국의 언어인 헬라어를 주로 사용했을 것이다. 물론 로마에 사는 유대인들은 라틴어를 썼다. 다중 언어 사용자 바울은 적시에 가장 효율적인 언어를 선택했다. 예를 들어, 바울이 예루살렘 성전을 더럽혔다는 소문에 유대인들이 집단으로 흥분했을 때, 바울은 그들에게 친숙한 말로 공개 연설을 시작했다. "'동포 여러분, 내가 이제 여러분에게 드리는 해명을 잘 들어주시기 바랍니다.' 군중들은 바울이 히브리 말로 연설하는 것을 듣고, 더욱더 조용해졌다. 바울은 말을 이었다."(『사도행전』22:1-2)

팔레스타인 밖 제국의 도시 곳곳을 돌아다닐 때 바울은 동족인 유대인이나 비유대인에게 모두 헬라어로 말했다. 제국의 동쪽 지역에 집중된 그의 선교지에서 가장 널리 쓰이는 말이 헬라어였기 때문이다. 디아스포라 유대인들 역시 아람어보다 헬라어를 사용했다. 당연히 그곳에 써 보낸 바울의 글은 모두 헬라어로 기록되었다. 대략 기원전 2세기 후반부터 히브리어를 읽을 수 있는 유대인이 팔레스타인에서도 줄어들었고, 이에 따라 당시의 공용어인 헬라어로 구약성서가 번역되어야 했다. 이때 헬라어로 번역된 구약성서를 흔히 '칠십인역七十人譯'(라틴어로는 셉투아진타 septuaginta)이라고 하는데, 바울은 자신의 글에서 구약성서를 인용할 때 히브리어 성서보다 디아스포라 유대인에게 익숙한 '칠십인역' 성서를 사용했다.

앞서 언급했듯 바울 시대 로마 제국에서 널리 쓰인 공용어는 라틴어와 헬라어였다. 정치적, 군사적, 경제적 정복자는 로마였지만, 로마의 상류층은 헬라어를 배워서 썼다. 반면 로마의 지배하에 있으면서 헬라어를 쓰던 사람들은 굳이 라틴어를 배우려 하지 않았다. 로마의 시인 유베날리스는 이러한 역설을 두고 "정복당한 자가 정복하였다"라고 평하기도 했다. 로마의 상류층이 헬라어를 배웠던 이유는 간단하다. 헬라 문화가 로마 문화보다 더 수준이 높았기 때문이다. 로마 공화정 말기에 활동한 키케

아무것도
아닌 것들의 기쁨

로의 공헌 중 하나는 헬라어 문헌들을 라틴어로 번역한 데 있다. 헬라어를 라틴어로 번역하면서 라틴어가 풍성해졌다. 로마 귀족들은 헬라 출신 노예들을 써서 자신들을 가르치게 했고, 이 고급 노예들은 귀족 자제와 친구 사이가 되었다. 황제와 어린 시절 같이 지낸, 헬라어를 쓰는 지적인 노예들이 해방되어 로마 제국의 고위 관리가 된 경우도 있었다. 라틴어는 군대와 법정에서, 또 지역으로는 서쪽에서 주로 사용되었지만, 제국의 동쪽에서는 여전히 헬라어 사용자가 많았다. 당시의 헬라어는 코이네^{Koine} 헬라어로 불리는데, 이는 알렉산드로스 대왕이 지중해 세계를 정복한 이후 널리 쓰이게 된 헬라어였다. 이것은 소크라테스나 플라톤이 사용하던 고전 헬라어와 비교할 때 대중적으로 접근하기 편한 특성이 있다. 바울 서신을 포함해서 신약성서는 바로 이 코이네 헬라어로 기록되었다.

로마의 시민권

『사도행전』은 바울이 다소 시의 시민권 외에도 로마 시의 시민권을 가지고 있었다고 전해준다. 로마라는 미미한 도시가 이탈리아 전역에서 지지를 얻고 성장한 배경에는 로마인들이 독특하게 발전시켜온 '시민권' 제도가 있었다.[9] 가령 카르타고의 한니발이 이탈리아 전역을 휩쓸고 다니며 로마를 패망 직전까지 몰고갔을 때도, 로마를 지지하는 이탈리아 내 다른 도시국가들의 네트워크는 깨지지 않았다. 이것은 알렉산드로스 왕이 페르시아 제국을 무너뜨릴 때와는 다른 상황이었다. 페르시아의 왕이 몇 번의 패전을 거듭하자 페르시아에 충성을 맹세했던 도시국가들은 급속히 알렉산드로스 왕에게 줄을 댔다. 그러나 한니발의 무시무시한 군대를 직접 겪고도 이탈리아의 도시들은 다르게 행동했다. 로마는 자신들이 정복한 도시의 시민들에게 로마 시민권이라는, 최소한 형식적으로는 로마 시민과 동등한 권리를 부여했고, 이탈리아의 다른 도시에 사는 시민이라도 로마 시민권을 가지고 있는 이들은 로마의 위기를 자신의 위기로 이해했다.

도시국가를 먼저 이룬 헬라인들의 시민권 개념을 수정하여 계승한 로마는 몇 가지 중요한 부분을 변경했다. 헬라 도시 시민권의 핵심은 참여와 평등에 있었다. 가령 아테네 시민권자들은 주요한 정치 사안이 있을 때 의사결정에 참여하기 위해 프닉스 언덕으로 몰려가 의견을 듣고 자신의 견해를 개진했다. 또 아테네 시민권자들은 아테네의 법 앞에 모두 평등하다고 믿었고, 그 형식적 평등의 중요성을 강조했다. 헬라인들은 피정복민에게는 시민권을 부여하지 않았는데, 헬라 도시 가운데 시민권이 가장 엄격하게 제한되었던 곳은 스파르타였다. 스파르타에 정복된 사람들은 죽거나 노예가 되는 길밖에 없었다. 스파르타인들이 페르시아에 맞서 죽기까지 싸운 것은 노예 생활의 비참함을 누구보다 잘 알았기 때문이다.

반면 로마는 패전국 사람들에게 관용 정책을 썼고, 그 핵심이 시민권 부여였다. 도시 로마가 이탈리아 반도에서 급격히 성장하던 시기, 로마에 굴복당한 사람들은 로마 태생 시민들이 누리

고대 로마의 시민권 증서.

는 시민권에 비해 '제한된 시민권'을 얻을 수 있었다. 이 시민권은 투표권을 갖지는 못하지만 법의 보호를 받을 수 있었고, 경제활동을 하며, 로마 시민과 혼인할 수 있는 권리를 보장했다. 이를 통해 정복자와 피정복자가 어울리는 길이 가능했다. 비록 '이등 시민권'이라 해도 피정복자를 잔인하게 제압하는 다른 도시국가와는 확연히 달랐고, 로마 시민과의 혼인을 통해 제한되지 않은 로마 시민권을 얻을 수 있었다. 한니발은 로마 군대라는 물리적 대상은 물론 로마 시민권으로 묶인 정신적 동맹을 깨기 위해서 싸워야 했다. 결국 한니발의 뛰어난 전술도 로마가 독특하게 발전시킨 시민권 개념이 가져온 이탈리아의 연대감과 정신적 동맹을 무너뜨리지 못했고, 그는 마침내 이탈리아 반도에서 물러나야 했다.

　로마가 미미한 도시국가에서 정복을 거듭하여 제국의 규모로 커짐에 따라 로마의 시민권 정책에도 일정한 변화가 생겼다. 로

마는 제국의 지배를 받는 사람들이 너무 어렵지 않게 로마 시민
권을 취득할 수 있는 여러 길을 열어두었다. 혼인을 통해서도 가
능했고, 로마 시민권자의 노예였다가 해방된 자유민도 이전 주
인의 배려에 따라 시민권을 얻을 수 있었다. 또 동원된 전쟁에
서 공을 세우거나 로마 군대에 특정한 기여를 하면 로마 시민권
이 수여되었다. 로마는 시민권을 부여받은 사람이 제국의 질서
에 더욱 충성한다는 점을 적극 활용하려 했다. 로마 시민이 로마
의 지배를 받는 것은 당연하지 않은가. 그러나 로마 시민권 취득
이 용이하게 되자 로마 시민권이 보장해주는 권리가 줄어들었
다. 로마 시민권의 핵심 개념이 정치적 참여 보장에서 사법적 안
전장치 제공으로 옮겨갔던 것이다.

　『사도행전』에서 바울은 사법적 안전이 필요한 상황에서 자신
이 로마 시민권자임을 밝힌다. 예루살렘 성전에서 바울이 유대
인들에게 집단 린치를 당하게 되었을 때, 군중의 소동을 진압하
러 온 로마 군대의 천부장, 곧 문자적으로는 천 명의 군사를 지
휘하는 장교는 일단 바울을 구출해낸다. 천부장은 군중이 바울
에게 성난 이유가 무엇인지 심문하기 위해 바울을 채찍질하라
고 명령한다. 『사도행전』은 이렇게 기록한다.

　　그들이 채찍질을 하려고 바울을 눕혔을 때에, 바울은 거기에 서 있는
　　백부장에게 "로마 시민을 유죄판결도 내리지 않고 매질하는 법이 어
　　디에 있소?" 하고 말했다. 백부장이 이 말을 듣고, 천부장에게로 가
　　서 "어떻게 하시렵니까? 이 사람은 로마 시민입니다" 하고 알렸다.
　　그러자 천부장이 바울에게로 와서 "내게 말하시오. 당신이 로마 시

민이오?" 하고 물었다. 바울이 그렇다고 대답하니, 천부장은 "나는 돈을 많이 들여서 이 시민권을 얻었소" 하고 말했다. 바울은 "나는 나면서부터입니다" 하고 말했다. 그러자 바울을 신문하려고 하던 사람들이 곧 물러갔다. 천부장도 바울이 로마 시민이라는 사실을 알고는, 그를 결박해놓은 일로 두려워했다.(『사도행전』22:25-29)

　　보통 폭동을 유발한 식민지 유대인을 다루는 로마 장교의 행태는 뻔하다. 폭력적 진압과 고문을 곁들인 심문이다. 그런데 그 뻔한 수순이 '로마 시민권' 앞에서 멈칫했다. 천부장은 로마 시민권을 얻기 위해 많은 돈을 써야만 했다. 그런 그가 "나면서부터" 로마 시민권을 가진 자를 함부로 하기는 힘들다. 그래서 바울도 자신의 출신을 강조한 것이다. 고대 로마 사회에서 한 사람의 지위와 명예는 그의 출신에 의해 많은 영향을 받았다. 돈을 들여 로마 시민권을 산 천부장의 '출신 배경'은 바울에 비해 열등했기에 그는 바울을 존중해야 했다. 로마 시민권자를 대할 때는 로마법에 따라야 한다. 로마 시민권자는 법정에 호소할 권리를 지녔을 뿐 아니라 군복무와 같은 의무에서 면제받기도 했으며, 자신이 재판받을 법정을 지역 법정과 로마의 법정, 곧 '황제의 법정' 중에서 선택할 권리가 있었다. 항상 그러한 것은 아니지만 여러 지역에서 태형을 받지 않을 권리도 있었다.

　　그런데 바울이 정말 로마 시민권을 가지고 있었을까?『사도행전』의 진술을 그대로 받아들이지 않는 학자들은 바울이 로마 시민권자일 리가 없다고 생각한다. 이와 반대로 바울의 로마 시민권을 옹호하는 이들도 물론 있다. 이 진위 여부를 판정하는 세세한 논의는 이 책에서 다룰 일은 아니다. 다만 바울이 로마 시민권자가 아니라는 논증이 결정적이지 않는 한, 『사도행전』의 보도를 애써 부정할 이유는 없을 듯하다.

한편, 바울이 어떻게 나면서부터 로마 시민권자였는지에 대해서는 전승에 의존할 수밖에 없다. 로마 가톨릭 교회의 공식 라틴어 성서 번역본인 불가타Vulgata 역譯을 완성하여 위대한 성서 번역자로 평가받는 에우세비우스 소프로니우스 히에로니무스(영어 이름으로는 제롬Jerome)에 따르면, 전쟁중 노예로 끌려간 바울의 부모가 이후 해방되어 그 자식인 바울이 이전 주인의 호의에 따라 로마 시민권을 얻게 되었다고 한다. 그 시대에 가능한 이야기다. 그러나 문헌이 침묵하는 곳에서 더이상 그 내용의 신빙성을 확실하게 판정할 수는 없는 형편이다.

아무것도
아닌 것들의 기쁨

2. 예수 운동을 박해한 '바리새인' 바울

유대인의 기본 신앙

바울이 나면서부터 다소 시민권과 로마 시민권을 가지고 있었
다는 것은 '출신'과 지위를 중요시하는 동시대인들에게 주목할
만한 사항이었다. 또한 학문과 문화로 이름 높은 도시 다소에서
수사학과 스토아철학의 기본 지식을 쌓는 등 일정한 교육을 받
았다는 것도 그가 특별한 혜택을 입었음을 알려준다. 그러나 바
울이 다소에서 모든 교육을 받은 것은 아니다. 바울에 대한 고고
학적 연구의 권위자 제롬 머피 오코너는 바울이 청년이 되기 전
에 예루살렘으로 유학을 갔으리라고 추측한다.[10] 바울의 부모는
영특한 아들이 이방 도시에서 이방 학문을 하길 원하지 않았던
것 같다. 경건한 부모 모두 '거룩한 도시' 예루살렘으로 이주했

는지, 아니면 바울 홀로 유학했는지는 확실치 않다. 분명한 것은 청년이 되었을 때 바울은 자신을 다소 시민권자나 로마 시민권자라기보다는 경건한 유대인으로 여겼다는 점이다.

바울은 예루살렘에서 매우 철저한 유대인 교육을 받았다. 그는 자신이 이스라엘의 초대 왕을 배출한 베냐민 지파의 후손으로 "히브리 사람 가운데서도 히브리 사람"(『빌립보서』 3:5)이라며 혈통을 자랑했다. 다시 강조하건대, 고대 지중해 세계에서 '출신'은 개인의 위신을 결정하는 매우 중요한 요소였다. 바울은 당대 예루살렘에서 이름을 날리던 랍비 가말리엘에게서 배웠다고 내세우면서(『사도행전』 22:3), 아주 엄격하게 조상의 전통을 지키는 유대인으로 큰 열정을 가지고 살았다고 자부했다. 예수 그리스도를 믿은 이후에 바울의 삶은 극적으로 바뀌었지만, 그의 신학적 상상력을 가능하게 해준 사상적 재료들은 바울이 헌신했던 유대 전통에서 비롯된 바가 적지 않다. 따라서 그의 삶과 사상을 보다 선명히 알려면 1세기 유대교에 대한 기초적인 지식이 필요하다. 그런데 문제는 1세기 유대인들의 전통, 흔히 유대교라고 불리는 종교가 복잡한 양상을 보였다는 것이다.

유대교가 유대인이 믿는 종교라면 기본적으로 유대인이 누구인지를 알아야 한다. 그러나 '유대인은 누구인가?'라는 질문에 대한 답은 결코 간단하지 않다. 샤이 J. D. 코헨은 1세기 유대인의 정체에 대한 답을 구하기 위해 오랜 세월 방대한 탐구를 하고는 허무한 결론을 내놓았다. "'내가 유대인이다'라고 자처하는 이가 유대인"이라는 것이다.[11] 그러나 이를 선뜻 반박하기도 쉽지 않다. 달리 적절한 대안이 없기 때문이다.[12] 바울 시대는 다양한 유대교 분파들이 서로 경쟁하면서 정통과 이단을 쉽게 가를 수 없는 이른바 '분파주의' 시대였다. 따라서 바울을 이해하기 위해 우리는 먼저 유대인 신앙의 공통분모를 찾아내야, 이를 바탕으로 바울이 속한 분파의 유대교적 유산과 예수를 그리스도로 믿고 따른 이후의 삶을 조명할 수 있다.

신앙에 대한 다양한 주장이 있었지만, 유대인들이 공유하는 기본 신앙이 없지는 않았다. 대략 다음과 같은 사항들은 '유대인'이라면 누구나 고백할 수 있어야 했다. 첫째, 유대인은 이스라엘의 하느님 '야훼'를 유일한 하느님으로 믿고 예배해야 한다. 야훼는 이스라엘이 섬겨야 하는 유일한 신이라는 것이다. 이 주장은 기본적으로 다신교적 상황에서 나온 것이다. 고대 지중해 세계에서 신은 늘 도시, 국가, 민족과 연결되어 있었다. 가령 헬라인에게는 '제우스'가, 로마인에게는 그에 상응하는 '유피테르'가, 이집트에는 '라'나 '호루스'가 있었다. 좀더 구체적으로 말하면, 헬라인들의 오래된 도시국가는 늘 신들과 연결되어 있었다. 예를 들어, 아테네는 아테나 여신의 도시다. 아테네의 파르테논 신전은 그 아테나 여신을 모신다. 신의 영원함과 위대함이 도시와 연결될 때 그 도시는 신의 특성을 갖게 된다는 믿음이 헬라 세계에는 있었다. 나라가 없는 민족은 그 민족을 지켜줄 신이 없는 것이고, 다른 민족에게 정복당한 민족은 그 민족의 신이 정복당한 것과 다를 바 없었다. 로마 제국이 성립된 후 도시 로마도 신과 연결될 필요가 있었다. 로마의 시조로 알려진 로물루스와 레무스 형제는 비록 늑대 젖을 먹고 자란 영웅이지만 영원한 신과는 현격한 차이가 있었다. 로마 제국 시대 로마의 통치 선전가들은 로마라는 도시 자체를 신으로 만들려고 했다. 이른바 '여신 로마Goddess Roma'는 그렇게 탄생했다. 오늘날 같은 '정치와 종교의 분리' 시대와는 완전히 다른 세상이었다. 고대 지중해 세계에서 정치와 종교는 절대로 분리될 수 없었다. 율리우스 카이사르의 공식 직책 중 하나가 로마 시의 대제사장임을 기억할 필요가 있다. 종교 제의는 국가의 중대 행사에서 빠지는 적이 없었다. 그런데 유대인들은 바빌로니아 제국의 포로기를 거친 이후 다른 모든 신은 텅 빈 우상이고, 야훼만이 세상의 참된 신이라고 선언하면서 야훼를 우주적인 유일신으로 높였다. 다른 민족들은 유대인들의 그러한 주장에 코웃음을 쳤을 것이다. 물론 다른 종교들도 일정한 배타성을 가지고 있었다. 조상으로부터 전해오는 종교를 갖고 있던 사람이 별다른 이유 없이 다른 종교 의식에 참여하는 것은 조상의 종교에 대한 모욕이 될 수 있었다.

유대인의 야훼 신앙은 매일 아침저녁으로 읊는 『신명기』 6장 4-9절에 표현되어 있다. 흔히 '쉐마 이스라엘שמע ישראל'로 알려진 이 신앙 고백문은 모든 유대교 분파를 넘어선 공통의 신앙이었다. 우리말 성서 중 '새번역' 판은 '쉐마 이스라엘'을 "이스라엘은 들으십시오"라고 번역하고 있지만, 이 경우 '들으라! 이스라엘'이라고 직역하는 편이 더 적절하다. 이 신앙 고백문을 내가 직접 번역해보았다. "들으시오! 이스라엘 사람들이여! 야훼는 우리의 하느님이시요, 야훼는 오직 한 분뿐이십니다. 여러분은 마음을 다하고 뜻을 다하고 힘을 다하여, 주 여러분의 하느님을 사랑하십시오."(『신명기』 6:4-5)

유대인들의 공통 신앙 두번째는 선택받았다는 믿음이었다. 야훼는 이스라엘과 계약을 맺어 그들을 자신의 백성으로 선택했다. 이집트의 '라' 신을 물리친 야훼가 자신들을 선택했다는 믿음은 유대인들에게 선민選民이라는 자부심을 심어주었다. 이런 '오만함'은 유대인이 처한 비루한 현실과 극명하게 대비되면서 당대에 이미 비웃음을 샀다. 그 '오만함'의 배경에는 야훼라는 유일한 신에게서 선택받았다는 신앙이 있었다. 물론 유대인들은 이 선택이 전적으로 하느님의 은혜에서 비롯되었다고 고백하였다.

세번째 공통 신앙의 요소는 하느님이 선택된 백성에게 그의 뜻이 계시된 법(토라)을 주었다는 것이다. 하느님은 선택된 백성, 계약 백성인 유대인에게 하느님의 지혜가 담긴 법, 흔히 '율법'이라 불리는 법을 모세를 통해 선사했다. 이 법은 단지 종교법이 아니라 실제적으로도 언약 백성의 삶을 관장한다. '율법'[13]은 하느님과 인간 및 다른 피조물과의 관계에서 가장 지혜로운 지침을 주는 하느님의 선물이었고, 유대인들은 그 법 이외에 다른 지혜를 탐구할 필요를 느끼지 않았다. 이것은 헬라인들이 철학을 비롯한 여러 학문을 발전시킨 것과 대비된다. 고대 세계에서 유대인들이 종교 영역을 제외하고 특별히 문화적 공헌을 하지 못한 이유도 여기에 있는지 모른다. 아무리 고난을 겪고 있더라도 야훼가 이스라엘을 회복하리라는 믿음 속에서 유대인은 율법에 따라 하느님과 이웃을 사랑하라고 요구받았다.

네번째 공통 신앙은 야훼가 유대인들이 살아갈 터전으로 팔레스타인 땅을 주었다는 것이다.

상당수의 유대인은 이와 같은 기본적인 이야기를 믿고 따른다고 고백하는 것으로 만족하지 못했다. 그들은 다른 민족 혹은 다른 종교를 가진 사람들과 구별되기를 원했고, 이른바 '제의적' 경계 표시를 통해 그 구별을 날마다 확인하고자 했다. 대표적으로 할례, 음식법, 절기 등이 그것이다.

할례는 잘 알려진 대로 오늘날의 포경수술같이 남자 성기의 끝 쪽 포피를 제거하여 자신이 언약 백성임을 나타내려 한 것이다. 이것은 몸에 지니는 표시로, 야훼가 이스라엘 남자들에게 요구했다고 전해진다.[14] 할례받은 유대인 남자들은 야훼의 언약 백성임을 자랑스러워했다. 물론 할례는 고대 근동 지역에서 유대인들만 행하던 것이 아니었다. 다른 민족이나 부족도 할례를 행했고, 거기에 종교적 의미를 부여했다. 그러나 할례에 대한 유대인들의 '집착'은 유난했다. 고대 헬라 및 로마 작가들 중 일부는 그러한 유대인들의 행위를 음탕하다고 보았는데, 할례의 목적이 정력 강화에 있다고 생각했기 때문이다. 또 고대 헬라와 로마 작가들은 대체로 할례와 같은 신체 훼손이 몸의 아름다움에 흠집을 낸다고 여겼다. 고대 헬라의 남자 조각상은 성기를 상처가 없이 작게 만드는데, 이는 그때의 생각을 반영한 것이다.

유대인들은 율법에 기록된 대로 음식을 상당히 까다롭게 가려 먹어 일상에서 비유대인과 자신들을 구분하고자 했다. 오늘날 '코셔כשר'(문자 그대로 읽으면 '카쉬루트')로 불리는 이 음식법은 먹어야 할 것과 먹지 말아야 할 것을 길게 나열한다. 몸에 자국을 남기는 할례보다는 덜하지만 매일 먹는 음식에 대한 규정을 통해 유대인들은 다른 민족과 자신들을 구분하면서, '언약 백성은 아무거나 먹지 않는다'는 자부심을 느꼈을 것이다. 음식에 대한 규정은 오늘날까지 까다롭게 남아 있는데, 바울 당시 유대

종파 중에는 음식법에 유독 철저한 분파가 있었다. '쿰란'이라는 유대 광야에서 공동체를 이루던 사람들로, 이들은 그 공동체에 들어간 후에는 공동체가 제공하는 음식 외에는 먹지 않는다는 서약을 하게 되어 있었다. 그러니 그 공동체로부터의 추방은 죽음을 의미했다. 공동체에서 추방당한 사람이 그 이후에 '정결하지 않은' 음식, 곧 공동체가 제공하지 않은 음식을 스스로 거부한 채 죽어갔다는 기록이 있을 정도다.

　마지막으로 유대인들은 안식일과 각종 기념일을 철저하게 지켜서 자신들이 비유대인과 '다른 시간' 속에서 산다는 것을 티내려 했다. 다른 시간표를 가지고 산다는 것은 단순한 일이 아니다. 그것은 우주에 대한 이해, 신에 대한 이해가 다르다는 것을 뜻한다. 유대인들은 다른 시간표 속에서 시간을 구획해가며 다른 민족과 차별화하는 전략으로 소수이자 약자인 자신들의 정체성을 확고히 하고자 했다. 유대인들이 자신들의 독특성을 강조하여 고유한 정체성과 권리를 지키고자 노력한 것은 그뿐만이 아니었다. 유대인들은 한 분 하느님 야훼를 믿었기에 여러 도시에 흩어져 살면서도 각 도시의 수호신에게 제사를 드리지도 않았고 로마 황제 제의에도 쉽게 참여하지 않았다. 성에 관한 규칙도 당시 그레코-로만 세계의 비유대인보다 훨씬 엄격해서 매매춘이나 혼외정사도 금지되었다. 도시 로마에서 매매춘에 대한 죄의식은 크지 않았고, 혼외정사도 별난 일이 아니었다. 율리우스 카이사르는 바람둥이로 유명했는데, 그의 개선식에 병사들은 로마 시민들을 향해 이렇게 외쳤다고 전해진다. "로마 사람들이여 조심하시오. 대머리 난봉꾼이 나갑니다." 율리우스 카이사르

의 양아들이자 제정을 탄생시킨 인물인 옥타비아누스가 완전히
권력을 쥐고 나서 처음 발표한 법이 '혼인과 간음에 대한 법'이
었다는 것도 그때의 상황을 짐작하게 한다.

유일신 사상과 제의적 경계짓기 그리고 도덕주의 등은 대체로
건방지고 유별난 것으로 비칠 수 있었다. 유대인들은 이와 같은
공통 신앙 속에서 여러 분파로 나뉘어 경쟁했는데, 바울은 그중
'바리새파派'에 속하여 '바리새인ㅅ'이 된다.

바리새파

'바리새인Φαρισαῖος'은 문자적으로 '(정결을 위해) 분리된 사람'을
뜻한다. 바리새인은 유대인을 유대인되게 하는 기본 요건에다가
어느 부분은 강화하고 어느 부분은 새로 첨가하여 다른 유대인
들과 자신들을 또다시 '분리'하고자 했다. 바리새인은 기록되어
전해지는 경전, 오늘날의 구약성서를 이루는 모세오경, 예언서,
성문서 등의 경전을 모두 정경으로 받아들였다. 또 이와 더불어
모세가 그의 후계자인 여호수아에게, 또 여호수아가 다른 지도
자들에게 말로 전해준 구전 전통을 경전처럼 권위 있는 것으로
받아들였다. 바리새인은 기록된 경전과 구전된 전승을 정확히
해석하고 열정적으로 실행하여 야훼 앞에서 '정결'해질 것을 목
표로 했다. 그들은 평범한 이스라엘 사람들까지 제사장에 준하
는 정결함을 야훼 앞에서 유지한다면, 야훼가 이방 제국에게 당
하는 수치와 억압에서 자신들을 해방시켜줄 것이라고 믿었다.

해방의 방식은 하느님의 극적인 개입일 수도 있고, 하느님의 대리자인 왕 혹은 메시아를 통해서 일어날 수도 있다. 그것도 아니면 정결해진 이스라엘 민중을 더이상 감당하기 어렵다고 판단한 이방 제국의 퇴진일 수도 있다. 만약 살아 있을 때 그런 해방을 보지 못한다 하더라도 바리새인은 죽음 이후에 일어날 부활과 최후의 심판을 믿었다. 부활은 의를 행하다가 죽어간 사람들이 옳았음을 야훼가 인정하는 것이고, 또 그들에 대한 보상이었다. 반면 야훼가 행할 최후의 심판은 지상에서 적절한 처벌을 받지 않은 악한 자들에 대한 정의의 실행이다. 예수는 많은 부분에서 바리새인들과 매우 격렬히 부딪혔으나 부활에 관해서는 생각이 크게 다르지 않았다. 예수는 이렇게 말한다. "선한 일을 한 사람들은 부활하여 생명을 얻고, 악한 일을 한 사람들은 부활하여 심판을 받는다."(『요한복음서』5:22)

오늘날 많은 사람이 기독교의 주요 교리로 생각하는 부활 및 최후의 심판에 대한 교리가 형성된 데에는 바리새인의 직간접적, 긍정적·부정적 영향이 있었다. 그러나 이 두 교리는 당시 유대인들이 보편적으로 받아들이는 '공통 신앙'은 아니었다. 친親로마 정책에 앞장을 서며 바리새파보다 강한 영향력을 행사했던 사두개파는 부활과 최후의 심판 등을 받아들이지 않았다. 그들에게는 오로지 이 세상이 인간 삶의 전부였다. 사실 유대교와 공유하는 기독교 경전인 구약성서에는 그러한 것들에 대한 언급이 거의 없다. 특히 사두개파는 구약 중 '모세오경'이라 불리는 다섯 권의 책(『창세기』,『출애굽기』,『레위기』,『민수기』,『신명기』)만 경전으로 받아들였는데, 거기에는 부활과 최후의 심판에 대한 강조가 거의 없다. 구약성서에는 사후 세계에 대한 구절 자체를 찾아보기 어렵다. 다소 놀라울 수도 있지만 사후 세계에 대한 언급은 신약성서에도 별로 많지 않고, 그것이 예수나 바울의 핵심 주제도 아니었다. 주의할 점은 사후 세계와 부활 및 최후의 심판은 다른 주제라는 것이다. 예수와 바울 모두, 죽어서 몸 없이 영혼이 가는 천당이나 지옥에 관해 말하지 않는다. 의로운 자가 억울하게 희생당했으나 새로운 몸을 입고 이 땅에서 사는 부활과, 육을 떠난 영혼이 저 세상에 있는 안락과 쾌락의 천당에서 영원토록 사는 것은 확연히 다르다. 바리새인 바울은 의로운 일을 하다가 불의한 자들에게 죽임을 당한 의인들의 부활이 하느님에 의해 가능하다고 믿었고, 의인의 부활은 하느님이 역사에 적극적으로 개입하는 이른바 '종말'이라고 생각했다. 예수나 바울이 말하는 '종말'은 문자적인 의미로 '세상의 끝날'을 가리키기보다는 하느님이 질곡의 역사에서 그의 백성을 해방시키는 날이었다. 바리새인 바울은 그 종말이 의인의 부활과 함께 시작된다고 믿었다.

바울은 바리새인 중에서도 자신이 "앞서 있었"고, 조상들의 전통을 지키는 일에도 "훨씬 더 열성이었"다고(『갈라디아서』 1:14) 주장했다. '열성'(젤로테스ζηλωτής)은 매우 의미심장한 단어다. 그저 무엇인가를 향한 열심이나 열정을 뜻하지 않는다. 유대 역사에서 그 단어는 자신을 돌보지 않는, 그리하여 마침내 목숨까지 내어놓는 사람들의 태도를 가리켰다. '열성'을 품은 사람은, 그 '열성'에 의해 불살라졌다. '열성'을 품은 바리새인들은 율법의 기준에 미치지 못하여 '부정不淨'해진 이들을 그저 방치하지 않고 적극적으로 고쳐놓으려 했다. 이를 위해 정신적, 물리적 폭력과 위협을 서슴지 않았다.

'정결' 혹은 거룩함에 대한 바리새인들의 요구는 주로 이방인 및 '죄인'과의 분리, 제의적 정결, 음식과 안식일 및 절기 준수 등에 관한 것이었다. 제의적 정결에 관해서 예수와 바리새인 사이의 갈등은 빈번히 일어났다. 예를 들어, 예수의 공생애 기간 중 그를 따르던 일부 제자는 씻지 않은 손으로 음식을 먹었다.(『마가복음서』 7:1-8) 바리새인들은 이를 강하게 비판했다. 오늘날 손을 씻는 일은 위생의 영역이지만, 바리새인들에게는 율법과 전통의 영역에 속한 문제였다. 바리새인들은 손과 몸을 씻고, 그릇과 침대를 깨끗하게 하는 '종교적' 규례를 중요시했다. 그런 일상의 '정결함'은 하느님 한 분만을 섬기는 정신적, 신앙적 정결함과 직결된다. 따라서 일상의 정결을 지키지 못하는 '더러운 것들'은 하느님의 법을 순종하지 않는 '것들'로 비판받고 교정의 대상이 된다.

바리새파의 일차적 공격 대상은 자신들의 기준에 못 미치는 유대 민중이었다. 유대 민중의 절대 다수가 최저생계 수준 이하의 삶을 간신히 꾸려나가던 상황에서 바리새인들이 주장하는 '정결함'을 지키기란 쉽지 않다. 부엌이나 욕실에서 수도꼭지를 틀면 물이 나오는 그런 시대가 아니라는 것을 기억하자. 공평하게 말해도 종교에 전념하는 제사장 수준의 정결함을, 하루하루 연명하기도 힘든 대다수 유대 민중에게 기대하는 것은 매우 지나친 요구였다. 바리새인들은 손을 씻는 문제부터 '죄인'이라고 불리는 사람을 분리시키는 일에 이르기까지, 자신들이 생각하는 '정결' 수준에서 멀어지거나 도달할 수 없는 이들을 말로, 때로는 위협적인 행동으로 겁박하고, '죄인'으로 낙인찍었다. 율법을 들어 '죄인'들에게 공개적으로 수치를 안겨주었고, 유대인을 타락시키는 '누룩'과 같다고 여겨 그들을 몰아내려 했다. 바울도 그러한 '열성'을 가지고 있었다. 바울과 그의 동료들에게 이것은 이스라엘의 정결을 회복하고 유지하는 길이었으며, 로마 제국에서 해방되는 길이었고, 궁극적으로는 야훼의 요구였다.

바리새인들이 유대 민중을 일차 표적으로 삼은 보다 현실적인 이유는 그들이 만만했기 때문이다. 바리새인들과 경쟁관계에 있었던 다른 유대교 지도자 그룹들 역시 바리새인들이 보기엔 견디기 어려울 정도로 '더러운 것들'이었다. 예를 들어, 예수 당대의 헤롯 가문은 이방인 세력과 결탁한, 우리로 말하면 일제 강점기의 친일파 같은 부류였다. 그러나 '열성을 품은' 바리새인들도 그들을 대놓고 공격할 수 없었다. 그들은 힘이 있는 세력이었기 때문이다. 그러니 바리새인들이 자신들의 이념을 효과적으로 드러내는 길은 무지렁이 혹은 가난하고 힘없는 이들을 위협하고 겁박하면서 자신들의 이념을 선전하고, 이를 위해 폭력도 불사하겠다는 점을 과시하는 쪽일 수밖에 없었다. '아무것도 아닌 것들'은 그들의 이념을 선전하기 위한 '소모품'이었다. 율법을 모를뿐더러 율법 밖에서 그저 생존에 허덕이는 이들을 굳이 나서서 보호해주려는 사람도 없었다.

열성의 바울이 유대 역사에서 본받고자 한 빛나는 영웅은 아마도 비느하스와 맛다디아였을 것이다. 비느하스는 이집트 탈출을 주도한 이스라엘 역사상 가장 위대한 인물인 모세의 형 아론의 손자다. 그는 모세의 가르침에 충실했다. 광야를 떠돌던 이스라엘 사람들이 이민족인 모압 사람들의 딸들과 어울리기 시작하더니 이후 모압 사람들의 신 바알브올 제사에도 함께 참여하자 이스라엘의 야훼는 크게 화를 내며 이스라엘 사람들에게 전염병을 보냈다. 이 일로 2만 4000여 명이 죽었는데, 이 전염병을 그치게 한 사람이 비느하스였다. 그는 모든 사람이 보는 앞에서 이스라엘을 구성하는 열두 가문 가운데 한 가문인 시므온 가문의 지도자 살루의 아들 시므리가 미디안 지역 이민족 가문의 종파 우두머리인 수르의 딸 고스비를 데리고 처소에 들어가는 것을 보고, 그들을 뒤따라가 창으로 둘의 배를 꿰뚫었다. 신앙적 정절과 이스라엘을 구하기 위해 살인도 서슴지 않았던 비느하스에 대해 야훼는 "나 밖의 다른 신을 섬기는 것을 결코 용납하지 않았다"며 그가 한 일을 보아 진노를 그치노라고 밝힌다. 이렇게 해서 비느하스는 이스라엘을 구한 사람이 되었다.(『민수기』25:1-18)[15]

맛다디아는 알렉산드로스가 건설한 헬라 제국(기원전 338~기원전 63)에 맞섰던 이스라엘의 영웅이다. 그의 이야기는 로마 가톨릭에서만 정경으로 간주하는 『마카베오서』에 기록되어 있다.(공동번역성서 『마카베오상』 2:15-30) 당시 헬라 제국의 분열 이후 시리아 지역을 다스리던 안티오쿠스 4세 에피파네스는 유대인들을 강제로 헬라화하려 했다. 유대인들의 할례를 금지한 것은 물론 예루살렘 성전에서 유대인들이 혐오하는 돼지고기로 제우스를 위한 제사를 드리라고 명령했다. 한 유대인이 안티오쿠스의 명령에 따라 제사를 지내려 하자 맛다디아는 분을 참지 못하고 제단 위에 있는 그 사람을 죽여버렸다. 또한 왕의 사신까지 죽이고 제단을 헐어버렸다. 결국 맛다디아는 헬라의 시리아 제국으로부터 유대인들의 독립을 이끌어내는데,[16] 독립 후 성전을 깨끗하게 한 것을 기념하는 절기 하누카Hanukkah(히브리어 חֲנֻכָּה)가 생겼고, 유대인들은 지금까지도 이 절기를 지킨다.

비느하스나 맛다디아 모두 이방 제국 혹은 이방인과 관련하여 이스라엘이 '더럽혀지는 것'을 막으려 먼저 자기 동족의 죄를 벌한 다음 이방 세력에 맞섰다. 바울도 이 순서를 따랐다. 로마 제국에게서 동족을 해방시키기 위해 그가 먼저 해야 할 일은 동족의 신앙적 순수성과 온전함을 지키는 일이었다. 이를 위해서 바울은 비느하스와 맛다디아와 같이 얼마든지 폭력을 사용할 수 있었다.

바리새인으로 살던 시절 바울은 그의 서신 곳곳에서 고백하는 대로 예수의 제자들을 따르던 유대인들을 폭력적으로 박해했다.(『갈라디아서』1:13-14,『고린도전서』15:9,『빌립보서』3:6) 그렇다면 바울은 왜 예수를 따르던 사람들을 박해했을까? 이는 예수 운동에 참여한 이들 대부분이 팔레스타인에서 '아무것도 아닌 것들'이었기 때문이다. 열성의 바리새인 바울로 하여금 박해를 결심하게 한 몇 가지 사안은 다음과 같다.

첫째, 예수 제자들은 자신들의 공동체에 유대인뿐 아니라 할례받지 않은 이방인도 받아들이고, 인종을 떠나 서로 어울리며 같이 식사를 했다. 바리새인 바울은 이러한 일을 '더러운 것'으로, 그래서 "나 주가 거룩하니, 너희도 나에게 거룩한 사람이 되어야 한다. 나는 너희를 뭇 백성 가운데서 골라서, 나의 백성이 되게 했다"(『레위기』20:26)라는 이스라엘 야훼의 계명을 어기는 범죄로 간주했다. 특히 하느님의 언약 백성인 유대인이 언약 밖에 있는 이방인과 함께 식탁에 앉는다는 것은 불결하기 이를 데 없는 행위였다. 앞서 말했지만, 이방인과 적극적으로 어울린 이들은 정치적 권력을 갖고 있던 헤롯 가문 사람들이었다. 그러나 바울이 그들에게 어떤 위해를 가했다는 기록은 없다. 로마 황제에게서 지역 통치권을 넘겨받은 권력자는 바리새파 사람들보다 훨씬 더 강력했기 때문이다. 바리새인 바울에게 약자만큼 거룩한 열정을 보여주기에 적합한 대상은 없었다. 이 '약자'들은 하느님의 율법에 무지할 뿐 아니라 천박하고, 함부로 사는 조야한 민중들, 곧 '땅의 사람들'(암 하아레츠ㄱ뉴ㄱ ㅁㅂ)이었다. 하느님의 말씀을 잘 이해하는 순전한 바울에게 자신과 달리 더럽게 사는 그들은 박해받아 마땅했다. 예수 제자들의 공동체가 이렇게 인종적 구분에 연연하지 않은 것은 예수에게서 비롯되었다. 예수는 비유대인에 대한 유대인들의 차별과 편견에 지속적으로 도전하면서, 야훼가 비유대인에게도 사랑과 자비를 베푼다고 믿었고, 그 믿음에 따라 행동했다. 바리새인 바울은 이것이 유대인들의 공통 신앙에 위배된다고 생각했다. 선택받은 백성은 이스라엘이고, 이방인은 언약 백성 밖에 있다. 이방인을 언약 백성으로 받아들이는 것은 하느님의 선택에 도전하는 일이었다.

둘째, 바리새인 바울은 예수의 제자들이 갈릴리 나사렛 출신의 '예수'를 '그리스도'로 고백하는 것을 견디지 못했다. '예수Ἰησοῦς'는 헬라어로, 실제 발음은 '여호수아' 혹은 '요수아'였다. 이 이름은 당시에 매우 흔했으며, 이집트 탈출의 영웅 모세 뒤를 이어 이스라엘의 가나안 정착을 이끈 지도자 '여호수아'('야훼는 구원이시다'라는 뜻)와 같은 이름이다. 헬라어 '그리스도'(크리스토스^{Χριστός})는 '기름부음을 받은 사람'이라는 뜻의 히브리어 '메시아'(마쉬아흐ﬡ)의 번역이다. 유대 전통에서 한 사람에게 기름을 붓는 행위는 성별제의聖別祭儀로, 야훼의 특별한 일을 할 사람을 따로 구분하기 위해서 시행되었다. 왕, 제사장, 예언자가 성별제의를 통해 구별되었다.

이스라엘의 왕정 시대에 왕은 하느님을 대신하여 사람들을 통치하는 존재였다. 왕 자신의 뜻과 이익이 아니라 하느님을 대신하니 사람들은 그에게 순종해야 한다. 제사장은 하느님을 향해서는 인간을 대신해 평안과 복과 용서를 기원하고, 인간을 향해서는 하느님을 대신해 죄 사함과 평강을 선포했다. 인간을 대표하고 하느님을 대변하니, 제사장은 여느 사람과 '구별'된 사람이었다. 왕과 제사장이 하느님을 제대로 대리하지 못하면 하느님은 예언자를 통해 자신의 뜻을 계시한다. 예언자는 하느님을 대리하지 못하는 왕의 권력과 제사장의 위엄에 맞서 하느님의 의도와 정의와 심판을 선포한다. 그러니 사람들은 예언자에게 귀를 기울이며, 예언자의 꾸짖음을 하느님의 꾸짖음으로 받아들여 하느님에게로 돌이켜야 한다. 사익私益을 도모하지 않고 하느님의 일을 하는 예언자는 기름부음을 받아 구별되었다.

메시아 혹은 그리스도의 개념과 이에 대한 기대는 기존의 왕에게 품었던 기대가 꺾이고 난 후 본격적으로 생겨났다. 이집트 탈출 후 열두 지파 연맹체 형태로 나라를 운영하던 이스라엘은 주변 왕국의 집요한 괴롭힘을 견디지 못하고, 효율적인 중앙집

권체제인 왕정을 요구하게 된다. 부족 연맹체의 근본 신앙은 '야훼만이 왕이시다'라는 것이었는데, 그것이 무너지고 야훼를 대리하는 '왕'이 탄생했다. 처음에는 베냐민 지파의 사울이 왕이 되었지만, 이후 유다 지파의 다윗이 이스라엘의 통일 왕국을 세웠고 그의 아들 솔로몬이 왕위를 계승했다. 솔로몬의 학정으로 북쪽의 열 지파가 따로 북이스라엘 왕국을 세웠고, 다윗 가문은 남쪽 지역에서 남유다 왕국을 유지했다. 그러나 두 왕국 모두 정의로운 통치와 거리가 멀었다. 등극한 왕들은 정의와 평화를 염원하는 야훼 신앙과 거리를 두었기 때문이다. 결국 북이스라엘 왕국은 아시리아에게, 남유다 왕국은 바빌로니아 제국에게 멸망했고[17] 유대 민중은 이방 세력과 토착 지배 세력에게 이중의 압제와 수탈을 당하게 되었다. 이러한 역사의 질곡에 놓인 고난받는 민중은 하느님이 내려주신 이상적인 통치자, 지배 세력의 압제에서 해방시켜줄 구원자, 야훼의 뜻을 온전히 땅에 구현할 의로운 대리자를 대망했는데, 바로 그런 염원에서 '메시아' 기대가 탄생하고 발전했다.

예수와 바울이 살던 로마 제국 통치 시기에는 유대 민중 사이에 메시아 기대가 높았다. 특별히 다윗 가문의 후손이 이상적인 통치자가 되어 야훼의 뜻을 유대인만이 아니라 이방인에게도 펼쳐, 정의와 평화와 지혜의 시대가 올 것이라는 기대가 있었다. 한편, 로마 제국의 통치로 인해 고통을 받는 이들은 단지 유대인만이 아니었기 때문에 제국 곳곳에는 로마를 물리치고 등장할 새로운 세력에 대한 기대가 있었다. 이러한 기대는 루머, 예언, 신탁의 형태로 로마 전역에 횡행했는데, 로마의 멸망을 직간접적으로 암시하는 여러 '유언비어'를 로마는 강력히 통제했다. 그 중 로마의 권력이 동쪽 지역으로 넘겨지리라는 예언과 "유대로 부터 일어난 사람이 권력을 쥐게 될 것"[18]이라는 예언이 만나 로 마 통치자들의 신경을 건드렸다. 실제로 기원후 66/67-70년경 유대인들의 반란으로 일어난 로마-유대 전쟁에서 승리를 거두 고 이후에 황제가 된 베스파시아누스와 그의 두 아들 티투스와 도미티아누스는 그 예언에 민감했다. 예루살렘에 입성한 티투 스는 다윗 가문의 후손들을 불러들였다고 한다. 그러나 그들의 미미함을 보고는 이내 안심했는지 그대로 풀어주었다는 보도가 있다.[19] 신약성서 중 『마태복음서』는 예수가 다윗의 후손이라는 점을 유난히 강조하면서, 당시 지중해 세계에 퍼져 있었던 그 예 언이 예수에게서 이루어졌다고 주장한다.

바리새인 바울 역시 야훼가 이방 제국과 그에 부역하는 더러 운 것들의 지배를 끝내려고 보낼 메시아에 관심이 없지 않았을 것이다. 메시아 신앙이 바리새파의 핵심 가르침은 아니었을지 라도 야훼가 '마지막 날', 곧 자신의 뜻을 세상에 펼칠 때 그것을 대리할 메시아의 자격과 자질에 대해 바울도 나름의 생각이 있 었을 것이다. 그러나 그런 메시아가 남쪽 유대 땅이 아니라 북쪽 의 천시받는 땅 갈릴리, 그곳에서도 볼품없는 나사렛 출신 예수 라는 주장은 받아들일 수 없었다. 출신 지역이 곧 그 사람의 지 위와 품위를 상당 부분 결정하던 고대 지중해 세계에서 갈릴리 출신의 한 젊은이를 그리스도로 믿는 것은 우스운 일이었다. 구 약성서에 나사렛에서 그리스도가 난다는 암시는 어디에도 없었 다. 『마태복음서』와 『누가복음서』의 저자는 동시대인들의 그런 정서를 알고 있었다. 그리하여 둘 모두 예수가 베들레헴에서 태어났다는 이야기를 애써 독자들에게 알린다. 베들레헴은 다윗의 고향이었고, 야훼 하느님이 다윗 가문에게 이곳의 통치권을 약속했기 때문에 베들레헴은 메시아가 태어날 장소로 적격이었다. 선지자 미가는 그곳에서 통치자가 태어날 것이라고 예언한 바 있다. "'너 유대 땅에 있는 베들레헴아, 너는 유대 고을 가운데서 아주 작지가 않다. 너에게서 통치자가 나올 것이니, 그가 내 백성 이스라엘을 다스릴 것이다.'"(『마태복음서』 2:6, 『미가서』 5:2)

또한 바울은 그리스도가 십자가에서 죽었다는 사실을 받아들일 수 없었다. 다윗은 이방 세력을 제압하고 왕이 된 인물이다. 바울 시대 구약성서에는 포함되지 않았으나 당대에 널리 알려졌던 『솔로몬의 시편』에는 다윗의 가문에서 나올 메시아에 대한 대중적 기대가 기록되어 있다. 17편과 18편에서 메시아는 야훼의 지혜와 의로움과 능력으로 가득차 야훼의 일을 수행하며 우주적 통치를 수행할 인물로 묘사된다. 나사렛 예수는 그러한 통상적인 기대와는 완전히 다른 인물이었지만, 바울은 예수 추종자들의 주장과 운동을 그저 웃고 넘길 수만은 없었다. 예수를 따르는 공동체가 날로 성장해갔을 뿐 아니라 그들의 예배 모임에서 야훼 외에도 예수가 경배를 받는 현상이 나타났기 때문이다. 율법에 따르면 '나무에 달린' 예수는 저주받아 죽은 자에 불과한데도[20] 예수 추종자들은 오직 야훼 한 분만을 섬기라는 유대인들의 매우 기초적인 신앙고백을 어기고 있었다.

또한 예수의 언행으로 알려진 것들 역시 바리새인 바울에게는 어처구니없고 역겨웠다. 예수는 하느님의 거룩한 율법을 제 멋대로 해석했고, 하느님이 머무는 거룩한 집인 성전을 "강도들의 소굴"(『누가복음서』 19:46)로 고발했다. 예수의 운동은 애초에 성전을 비롯한 기성 체제를 매우 근본적으로 비판하며 체제 밖 광야로 나갔던 세례자 요한에게서 시작된 것이었다. 결정적으로, 예수는 모든 유대인을 제사장 수준의 정결함에 이르도록 하려는 바리새인들의 원칙적 과제를 비판하며 방해했다. 바리새인들은 유대인이면서도 도무지 정결함에 도달하지 못할 존재들, 예를 들어 로마 제국을 대신하여 동족에게 세금을 걷는 세리稅吏나 창녀를 배제의 대상으로 보았다. 작은 누룩이 전체 덩어리를 오염시킬 수 있는 법이니, 개전의 가능성이 없는 존재들은 거룩한 공동체에서 배제해야 한다는 것이 바리새인들의 근본 생각이었다. 세리나 창녀 같은 '땅의 사람들'은 거룩한 공동체를 더럽히는 이물질로 제거의 대상이다. 그러나 예수는 '땅의 사람들', 곧 유대의 기층 민중에 대해 다른 태도를 가졌고, 그들도 예수를 신뢰했다. 세리와 창녀는 예수를 믿었으며, 예수는 지도자로 자처하는 유대인들보다 '죄인들'이 먼저 하느님 나라의 기쁨을 맛보리라고 외쳤다.("내가 진정으로 너희에게 말한다. 세리와 창녀들이 오히려 너희보다 먼저 하느님의 나라에 들어간다."『마태복음서』 21:31) 예수는 '땅의 사람들'을 배척하기보다는 그들과 함께했다. 마커스 J. 보그는 바리새인들의 전략을 '거룩함의 정치학'으로, 예수의 전략을 '사랑의 정치학'으로 부른다.[21] 거룩함, 곧 배제의 정치학을 실행하는 이들에게 사랑의 예수는 "세리와 죄인의 친구"(『마태복음서』 11:19)가 틀림없었다.

바리새인들에게 '땅의 사람들'이나 '죄인'으로 지목된 사람들은 조르조 아감벤이 탐구한 '호모 사케르homo sacer'와 많은 부분 닮아 있다. 문자적 의미로는 '신성한 인간'이라는 뜻이지만, "호모 사케르는 범죄자로 판정받은 자로서 희생물로 바치는 것은 허용되지 않지만, 그를 죽이더라도 살인죄로 처벌받지 않는다."[22] 하느님에게서 소외되고, 인간의 법질서 밖에 있는 이들은 오로지 벌거벗은 목숨 외에는 아무것도 없는 존재다. 생존의 권리가 종교적으로나 사회적으로나 박탈된 이들이다. 아감벤은 이들이 신의 질서와 세속의 질서에서 배제됨으로써 공동체에 포함되는 역설이 있음을 포착한다. 이들의 배제는 공동체를 형성하는 원리가 무엇인지를 역설적으로 보여주기 때문이다.[23]

예수와 바리새인들의 운동 저변에 깔린 근본 감정에 대해서도 주목할 필요가 있다. 바리새인들의 운동에는 혐오의 정서가 깔려 있다. 혐오는 동물적인 것에 대한 거부감이다. 예를 들어, 손을 씻지 않고 음식을 먹거나 율법이 허락하지 않은 동식물을 먹는 사람을 '죄인'으로 부르면서 바리새인들이 느꼈던 기본 감정은 혐오다. 바리새인들은 그런 '죄인'들과의 분리를 원했다. 반면 예수는 '죄인'들에게 동기애同氣愛를 느꼈고 공감으로 나아갔다. 그러한 감정은 경계를 허무는 힘이다. 그러나 바리새인 바울은 예수와 그의 제자들이 바리새인의 근본 정신에 도전한다고 생각했다.

"세리와 죄인의 친구" 예수, 결국에는 '나무에 달려 죽은' 저 주받은 자를 메시아로 따르는 것도 모자라 그를 신과 같은 존재로 경배하고, 나아가 예수의 가르침을 따라 이방인 및 죄인까지 포용하고 같이 식사를 하는 저 예수 공동체는 바리새인 바울에게 역겹고 더러운 것이었다. 마침 자신들을 지켜줄 세력도, 스스로를 보호할 능력도 없던 예수 공동체는 바리새인 바울의 '열성'을 보여주기에 적합한 대상이었다. 더군다나 그 운동의 창시자는 십자가형을 받은 사람이 아닌가. 그렇다면 로마 제국의 심기를 거스를 일도 없는 것이다. 따라서 바울의 예수 운동 박해는 종교적 성격의 것만은 아니었다. 여기에는 유대인 사회 내부의 계급 문제, 이방 제국 로마로부터의 해방 문제, 유대 사회 지도자 그룹들 간의 주도권 쟁취 문제가 뒤섞여 있었다.

3. 바울의 급격한 전향

부활한 예수와의 만남

바울은 바리새파의 정당성과 세력을 과시하는 기회를 놓치지 않으려 했다. 예루살렘을 중심으로 활동하던 그는 예수 운동을 진압하기 위해 다마스쿠스로 향한다. 오늘날 시리아의 수도인 다마스쿠스(한글 성서 '개역개정' 판에서는 '다메섹')는 고대부터 무역 도시로 유명했고 디아스포라 유대인이 제법 많이 살았는데, 바울 당대에는 예수 공동체가 날로 성장하고 있었다. 『사도행전』에 따르면 "그는 대제사장에게 가서, 다마스쿠스에 있는 여러 회당으로 보내는 편지를 써달라고 했다. 그는 그 '도'를 믿는 사람은 남자나 여자나 가리지 않고, 닥치는 대로 묶어서, 예루살렘으로 끌고 오려"(9:1-2) 했다. 바울이 바리새파를 견제하던 유대인 대제사장의 편지를 얻었는지에 대해서는 충분히 의심해볼 여지가 있다. 또 편지를 얻었다 해도 과연 이방 도시 다마스쿠스에서 얼마나 영향력과 강제력을 발휘했겠는가라는 의문도 든다. 그 편지의 효력은 기껏해야 유대인들이 모이는 회당에서나 제한적으로 발휘되었을 것이다. 따라서 유대인 회당에 모이던 유대인 예수 제자들을 제압하는 데에는 효과적인 수단이었을 것이다. 그런데 다마스쿠스로 가는 길에서 바울은 인생을 뒤바꿀 사건과 맞닥뜨린다. 이 사건은 서양의 지성사와 교회사의 대전환을 가져온, 더 나아가 서양사와 세계사의 흐름을 바꾼 역사적 사건이었다.

『사도행전』은 이 사건을 세 번에 걸쳐서 길게 기록한다.(9:1-31, 22:1-21, 26:2-23) 재미있게도 세 번의 기록이 세부적으로 차이가 나는데,『사도행전』의 저자는 그 불일치를 알 텐데도 자신에게 전해진 전승을 별다른 가감 없이 기록했다. 이는 당시 초기 기독교 공동체에서 널리 회자된 이 사건에 관하여 최소한 세 개의 전승이 있었음을 암시한다. 바울 자신도 이 사건을 몇 차례, 그러나 아주 짧게 편지에서 언급한다.(『갈라디아서』 1:11-16,『고린도전서』 9:1 및 15:8,『고린도후서』 4:6) 이 사건을 한마디로 요약하면 예수 운동을 절멸시키려 했던 박해자가 예수 운동의 가장 열렬한 전도자로 바뀌었다는 것이다.

바울의 편지와『사도행전』의 기록을 종합하면 바울이 다마스쿠스로 가는 길에서 겪은 일의 핵심은 십자가에 못박힌 뒤 부활한 예수가 바울에게 나타났고, 바울을 자신의 '사도使徒'로 임명했다는 것이다. 바울은 예수가 부활하여 자신에게 나타난 것을

아무것도
아닌 것들의 기쁨

카라바조, 〈다마스쿠스로 가는 길에서의 전향〉, 1601년, 로마 산타마리아 델 포폴로 성당. 다마스쿠스로 가는 길에서 바울에게 일어났던 사건은 많은 화가들이 그린 주제였다.

하느님의 '계시'로 이해했다. 계시는 이 세상을 운영하는 야훼의 숨겨진 계획과 그 내용이다. 바울은 하느님이 '부활한 예수'를 계시로 알려주었다고 고백한다.(『갈라디아서』 1:15-16) 이것은 최소한 바울에게는 부인할 수 없는 심리학적 사실이었다. 예수를 따르던 무리를 야훼에 대적하는 세력으로 보고 절멸시키려던 바울은 이제까지와는 완전히 다른 관점에서 하느님과 이 세상을 이해해야 했다. 특별히 예수를 통해서 말이다. 바울이 곱씹어야 하는 사항들은 다음과 같았다.

예수는 바리새인들의 목표와 완전히 다른 길을 걸었다. 그는 별 볼 일 없는 나사렛 출신으로, 사람들을 미혹하여 멸망에 이르게 하는 거짓 지도자로 보였다. 예수는 야훼의 공동체를 거룩하게 하기 위해서는 배제해야 할, 율법 밖에서 살아가는 '죄인'들, 세리들, 창녀들과 같은 '땅의 사람들'(호모 사케르)을 포용했을 뿐 아니라 그들이 먼저 하느님의 나라에 들어간다고 호언했다. 예수는 더러운 이방인을 만나고 사귀는 데 거리낌이 없었으며, 심지어 언약 백성인 유대인을 압제하는 로마 군대의 장교마저 받아주었다. 마침내 예수는 십자가에 달려 죽었는데, 율법에 따르면 나무에 달려 죽은 자는 저주받은 자이다. 십자가형은 거짓 메시아의 최후로 적절하다. 그러나 예수의 제자들은 그가 부활했다고 주장하면서 그를 경배하는 지경에 이르렀다. 이 모든 것은 바리새인 바울이 보기에 박멸되어야 할 것들이었다. 그런데 십자가에 달려 죽은 예수가 그의 추종자들을 없애려 길을 가던 바울 자신에게 나타났다. 십자가에서 죽은 예수는 그 제자들의 증언대로 죽지 않고 살아 있다. 더구나 야훼가 예수를 계시로 바울 자신에게 보여주었다.

바리새인들의 믿음에 따르면, 죽은 사람이 다시 살아나는 부활은 의인의 부활이다. 다시 말해 하느님은 그의 뜻에 따라 성실하고 용감하게 살다가 죽임을 당한 의로운 사람들을 그저 죽음 속에 방치하지 않고 반드시 되살린다. 부활을 통해 의인은 자신의 삶이 옳았음을 하느님에게, 그리고 사람들에게 입증받는 셈이다. 의인의 부활은 이 세상의 권력자들이나 초자연적인 악의 세력(사탄)이 완전히 멸망하고 하느님의 평화의 통치가 이루어질 '마지막 날'[24]에 있을 일이다. 그러니 야훼가 계시로 보여준 예수의 부활은 예수가 의인이며, 그 부활한 날은 '마지막 날', 곧 종말의 시작임을 알리는 것이 된다.

'아무것도 아닌 것들'의 복권

이제 바울은 묻지 않을 수 없다. 혐오와 배제가 아니라 사랑, 그것도 사랑받을 만한 가치가 없는 존재들, 곧 아무것도 아닌 것들의 못남, 지지분함, 하찮음, 그리고 '죄'를 탓하기 전에 먼저 그들과 함께하는 사랑의 길이 옳다는 것인가. 율법은 나무에 달린 자와 율법 없이 살아가는 '죄인들'을 정죄하는데, 율법은 이제 새로이 해석되어야 하는가. 나아가 비유대인까지 포괄하는 새로운 '하느님의 백성'이 하느님의 뜻이라면 유대인과 비유대인을 구분·구별하려는 여러 율법의 조항은 어떻게 이해되어야 하는가. 의인이자 하느님의 아들인 예수의 죽음은 무엇을 의미하는가. 하느님은 왜 메시아에게 십자가형을 받도록 했는가. 예수가 십자가형을 통해 달성하고자 하는 것은 무엇인가. 예수를 통해 이전의 '이스라엘'은 사라지고 새로운 '하느님의 백성'이 창조되었는가. 메시아의 죽임당함은 하느님과 인간 사이를 가로막고 있는 '죄'라는 장벽을 없애는가. 그의 죽음은 하느님과 인간의 화해를 가져오는 것인가. 이방 제국인 로마의 지배는 예수의 부활로 시작된 하느님의 '종말'과 어떤 관계에 있는가.

바울은 편지에서 위의 물음들에 답을 했다. 먼저 배제와 거룩함의 프로그램은 하느님의 뜻이 아니었다. 바울은 이렇게 쓴다.

> 우리가 아직 약할 때에, 그리스도께서는 제때에, 경건하지 않은 사람을 위하여 죽으셨습니다. 의인을 위해서라도 죽을 사람은 거의 없습니다. 더욱이 선한 사람을 위해서라도 감히 죽을 사람은 드뭅니다. 그러나 우리가 아직 죄인이었을 때에, 그리스도께서 우리를 위하여 죽으셨습니다. 이리하여 하느님께서는 우리들에 대한 자기의 사랑을 실증하셨습니다. 그러므로 지금 우리가 그리스도의 피로 의롭게 되었으니, 그리스도로 말미암아 하느님의 진노에서 구원을 얻으리라는 것은 더욱 확실합니다. 우리가 하느님의 원수일 때에도 하느님의 아들의 죽으심으로 말미암아 하느님과 화해하게 되었다면, 화해한 우리가 하느님의 생명으로 구원을 얻으리라는 것은 더욱더 확실한 일입니다. 그뿐만 아니라, 우리는 또한 우리 주 예수 그리스도로 말미암아 하느님을 자랑합니다. 우리는 지금 그로 말미암아 하느님과 화해를 하게 된 것입니다.(『로마서』 5:6-11)

도시 로마에 있는 예수 추종자들의 교회에 쓴 편지(『로마서』)에서 바울은 그리스도가 나타낸 하느님의 사랑을 말한다. 그 사랑은 사랑받을 만한 대상을 사랑한 게 아니라 '약한', '경건하지 않은' 자, '죄인', '하느님의 원수'를 향한다. '약한'은 일반적인 무기력이나 무능력을 뜻하지 않고, 진리와 선함과 아름다움을 향한 무능력을 의미한다. '경건하지 않은'은 하느님을 하느님으로 모시고 살지 못하는 상태를, '죄인'은 하느님의 법에 어긋나는 사람을, '하느님의 원수'는 적극적이고 의도적으로 악을 행하는 이들을 가리킨다. 하느님은 그러한 이들을 심판하고 배제해야 한다. 그러나 바울은 하느님이 그들을 사랑했다고 말한다. 하느님의 그리스도가 그 사랑을 보여주기 위해 죽음에 이르기까지 하여 그 사랑은 실증되었다. 하느님은 자신과 대척점에 있던 이들을 사랑하여, 그들과 화해하고자 했다. 여기서 주목할 점은 바울이 '용서'가 아니라 '화해'라고 명토 박았다는 사실이다.

'용서'는 일방적인 시혜지만, '화해'는 쌍방간의 일이다. '화해'는 쌍방간에 가해와 피해를 서로 이해하고 용서하여, 이전의 관계를 회복하거나 새롭게 도타운 관계로 들어가는 것을 의미한다. 대중에게 알려진 기독교는 하느님이 죄 지은 인간을 '용서'하고 '구원'[25]한다는 데 편중되게 초점을 맞췄다. 그러나 인간 편에서도 하느님을 '용서'하고 '이해'해주어야 하는 부분이 있다. 인간 중에서도 '아무것도 아닌 것들', 곧 사회에서 소모품처럼 사용되고 버려졌던 자들이라면 하느님을 용서하고 이해해주어야 할 게 있지 않겠는가.

구약의 지혜서인 『전도서』 저자가 제기한 물음들은 '아무것도 아닌 것들'의 입을 통해 하느님을 고발하는 탄식이 될 수 있다. 여기에 『전도서』의 몇 부분을 뽑아 바울뿐 아니라 지금 시대 '소모품'들의 한탄과 원망을 재구성해보았다.

괴로웠다. 하느님은 왜 사람을 이런 수고로운 일에다 얽어매어 꼼짝
도 못하게 하시는 것인가?(1:13)

사람이 세상에서 온갖 수고를 마다하지 않고 속썩이시만, 무슨 보람
이 있단 말인가? 평생에 그가 하는 일이 괴로움과 슬픔뿐이고, 밤에도
그의 마음이 편히 쉬지 못하니, 이 수고 또한 헛된 일이다.(2:22-23)

재판하는 곳에 악이 있고, 공의가 있어야 할 곳에 악이 있다.(3:16)

나는 또 세상에서 벌어지는 온갖 억압을 보았다. 억눌리는 사람들
이 눈물을 흘려도, 그들을 위로하는 사람이 없다. 억누르는 사람들
은 폭력을 휘두르는데, 억눌리는 사람들을 위로하는 사람이 없다. 그
래서 나는, 아직 살아 숨쉬는 사람보다는, 이미 숨이 넘어가 죽은 사
람이 더 복되다고 말했다. 그리고 이 둘보다는, 아직 태어나지 않아
서 세상에서 저질러지는 온갖 못된 일을 못 본 사람이 더 낫다고 했
다.(4:1-3)

평생 어둠 속에서 먹고 지내며, 온갖 울분과 고생과 분노에 시달리며
살 뿐이다.(5:17)

나는 이 세상에서 벌어지는 모든 일을 살펴보다가, 이 세상에는 권력
쥔 사람 따로 있고, 그들에게 고통받는 사람 따로 있음을 알았다. 나
는, 악한 사람들이 죽어서 무덤에 묻히는 것을 보았다. 그런데 사람
들은 장지에서 돌아오는 길에 그 악한 사람들을 칭찬한다. 그것도 다

른 곳이 아닌, 바로 그 악한 사람들이 평소에 악한 일을 하던 바로 그 성읍에서, 사람들은 그들을 칭찬한다. 이런 것을 보고 듣노라면 허탈한 마음 가눌 수 없다. 사람들은 왜 서슴지 않고 죄를 짓는가? 악한 일을 하는데도 바로 벌이 내리지 않기 때문이다. 악한 사람이 백 번 죄를 지어도 그는 여전히 살아 있다. 사람들은 말한다. '하느님 앞에 경건하게 살면서 하느님을 두려워하는 사람은 모든 일이 다 잘되지만 악한 자는 하느님을 두려워하지 않으니, 그가 하는 일이 잘될 리 없으며, 사는 날이 그림자 같고 한창 나이에 죽고 말 것이다.' 이 세상에서 헛된 일이 벌어지고 있다. 악한 사람이 받아야 할 벌을 의인이 받는가 하면, 의인이 받아야 할 보상을 악인이 받는다. 이것을 보고, 나 어찌 헛되다고 말하지 않을 수 있겠는가?(8:9-14)

하느님은 자신을 원망할 수 있는 이들에게 '화해'의 통로로 예수를 보낸다. 하느님은 그리스도인 자신의 아들, 아니 자기 자신의 현현인 예수를 '아무것도 아닌 것'으로 '아무것도 아닌 것들'에게 보내서, 아무것도 아닌 것들이 당하고 사는 폭력과 수치를 고스란히 함께하게 한다. 아무것도 아닌 것들이 하느님을 향해 품고 있던 그 원한과 원망("나의 하느님, 나의 하느님, 어찌하여 나를 버리셨나이까?"『마가복음서』15:34)에 하느님은 그들과 고통을 함께함으로써 응답한 것이다. 당시 아무것도 아닌 것들은 하느님이 자신들에게 이렇게 말하고 있다고 들었을 것이다. "나도 그 고통을 알고, 그 고통에 함께하고, 그 고통으로 죽는다. 그러나 이제 다른 세상을 만들어간다. 이제 화해하자." 아마 이러한 제안은 '아무것도 아닌 것들'에게 매력적이고 감동적으로

다가왔을 것이다. 하느님은 그들에게 자신과 더불어 사는 참된 생명, 곧 구원을 약속한다.

이 세상에서 '죄인'이 아닌 채로, 자신이 받은 부와 권력과 명예에 감사할 수밖에 없는 이들은 하느님에게 별로 원망이 없다. 하느님이 '화해'를 청하는 대상은 일차적으로 하느님을 원망할 수밖에 없는 이들이다. 바울은 또 이렇게 쓴다.

> 하느님께서는 그리스도를 내세우셔서, 우리를 자기와 화해하게 하시고, 또 우리에게 화해의 직분을 맡겨주셨습니다. 곧 하느님께서 사람들의 죄과를 따지지 않으시고, 화해의 말씀을 우리에게 맡겨주심으로써, 세상을 그리스도 안에서 자기와 화해하게 하신 것입니다. 그러므로 우리는 그리스도의 사절입니다. 하느님께서는 우리를 시켜서 여러분에게 권고하십니다. 우리는 그리스도를 대리하여 간청합니다. 여러분은 하느님과 화해하십시오.[26] (『고린도후서』 5:18-20)

바울이 이해한 예수 그리스도는 '죄과'나 하느님을 향한 '범법 행위'를 따지기 전에 '아무것도 아닌 자들'을 찾아서 사랑의 마음을 보여주며 하느님과 화해하도록 했다. 그것이 하느님의 의로움, 곧 하느님이 하느님 노릇을 하는 것이다. 하느님은 자신을 몰랐던 것도, 그의 뜻에 반해 살았던 것도 모두 따져 묻지 않는다. 예수라는 인물을 통해 자신의 사랑을 보여준 후, 그 사랑이 통치하는 새 세상을 시작하자고, 새로 시작하는 그 세상에 참여하는 일꾼이 되라고 요청한다. 바울에 따르면 이제는 그 사랑의 신호를 받은 사람들이 반응할 차례다. 바울은 자신이 그리스도를 대리하여 간청한다고 하면서 하느님과 화해하라고 한다. 그와 또 함께하는 "우리는 그리스도의 사절"이다. 그 사절은 하느님이 계획한 평화와 화해와 기쁨의 소식을 모든 사람에게 전하고자 한다.

야훼 하느님과 그의 아들로 고백되는 예수에 대한 근본적인 인식과 체험의 변화는 바울로 하여금 모든 것을 달리 보게 했다. 기준선이 바뀌었으니 사물들은 다시 줄을 맞추어야 한다. 배제하는 율법의 기능은 수명을 다했다. 율법, 곧 하느님의 뜻이 드러난 계명들은 예수가 보여준 사랑이라는 해석학 속에서 이해되어야 한다. 하느님은 화해를 방해하는 모든 것을 넘어서고자 한다. 인종, 계급, 성별, 율법에 따른 '죄인'과 '의인' 등은 근본적으로 새로운 하느님의 화해 프로그램 앞에서 무의미해진다. 예수는 새롭게 시작하는 하느님 통치의 신호탄이다. 예수의 언행은 당연히 예수 제자들의 모범이 되어야 한다.

바울의 급격한 변화는 이른바 그의 '세계관'을 바꾸어놓았다. 믿는 대로 실천하는 바울에게 이것은 행동의 변화를 의미했고, 믿음과 행동의 변화는 당연히 그의 공동체 소속감을 바꾸어놓았다. 그는 더이상 공동체의 거룩함을 유지하기 위해 폭력을 동원해서라도 배제하고 차별하며 정결하게 하는 데 삶의 목표를 두지 않았다. 그는 이제 이방 제국으로부터 독립을 꿈꾸던 비느하스와 맛다디아가 아니라 '아무것도 아닌 것들', 곧 세리와 죄인들에게 나아갔던 예수를 따른다. 그는 엘리트주의가 아니라 '아무것도 아닌 것들', 그것도 유대인과 비유대인이 한데 섞인 미미한 예수 운동의 일원이 된다. 그것은 사랑의 통치에 참여하

는 일이며, 이전에 인간 사이를 나누던 모든 경계의 철폐를 의미
했다. 일대 사상적 '전향'이라 부를 수 있고, 이는 실제로 활동하
고 사귀는 사람들의 변화를 가져왔다. 바울은 이제 '아무것도 아
닌 것들'의 공동체에 속하려 한다. 그리하여 바울은 경계 설정을
통해 이득을 얻던 이들의 사회에는 '혁명적' 존재가 된다. 높은
신분이란 따로 없고, 좋은 혈통이란 것도 없다. 가장 신성한 하
느님이 '아무것도 아닌 것들'로 살고 죽었다면, 이 땅의 명예와
수치는 새롭게 이해되어야 한다. 바울은 세상의 위계질서 속에
서 지극히 소수인 상층부가 아니라 대다수가 속한 하층부로 향
한다.

아무것도
아닌 것들의 기쁨

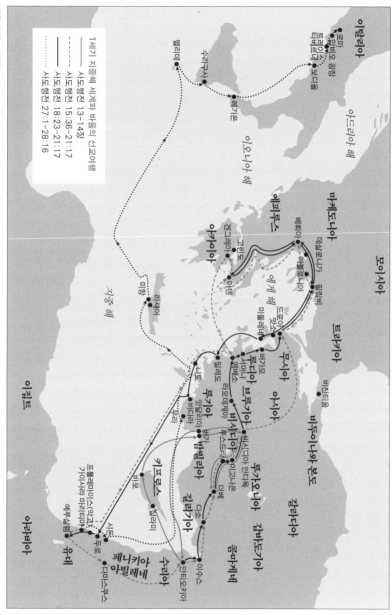

바울의 전도 여정

1세기 지중해 세계와 바울의 선교여행
━━━━ 사도행전 13-14장
━ ━ ━ 사도행전 15:36-21:17
─── 사도행전 18:23-21:17
⋯⋯⋯ 사도행전 27:1-28:16

4. 예수의 사도 혹은 세상의 쓰레기와 찌꺼기

이방인을 위한 사도

바리새인 바울은 전향했다. 예전에는 대다수 사람이 바울의 전향을 '회심回心'이나 '개종改宗'으로 불렀다. 그러나 이 두 용어는 바울의 삶의 방향이 전환된 것을 적절히 표현하지 못한다. 일단 '개종'은 한 종교에서 다른 종교로 옮겨간다는 뜻인데, 당시에는 '기독교'라는 독립된 종교가 있지 않았다. 예수 추종자들의 모임은 객관적으로 평가하자면 유대인들이 주 구성원인 유대교 내의 작은 분파로 간주할 수 있었다. 예수의 추종자들은 스스로 유대교와 별개의 종교를 꾸린다고 생각하지도 않았고, 그 모임의 수준 역시 '유대교'와 동등한 '종교'로 보기 어려웠다. '회심'은 '마음을 돌이켜 먹음'을 뜻하지만, 종교의 맥락에서는 '과거

의 잘못된 생활을 반성하고, 착하고 바른 신앙의 생활로 돌이킴'
을 의미한다. 그러나 바울은 바리새인으로 살아온 자신의 삶을
도덕적으로나 윤리적으로나 반성하지 않는다. 또 부활한 예수를
만나고 나서 그에게 생겨난 가장 뚜렷한 변화도 도덕적 개선이
아니다. 그는 '전향'한 것이다. 이전에 가지고 있었던 세계관 혹
은 신앙과 배치되고 대결했던 바로 그 신앙으로 돌아선 것이다.
바리새인으로서 박멸하려고 했던 그 신앙을 자신의 것으로 받
아들인 전향이다.

　부활한 그리스도를 만난 바울은 다마스쿠스로 가는 길에서
전향 이상의 사건이 있었다고 편지에서 말한다. 바울은 현현한

예수가 자신에게 '이방인을 위한 사도使徒'가 되라고 명령했다
고 믿었다.(『갈라디아서』 1:1-16) '사도^{ἀπόστολος}'는 문자적으로
는 (하느님 혹은 예수로부터) '보냄을 받은 사람'이라는 의미인
데, 예수와의 특별한 관계를 바탕으로 예수와 그의 복음을 전하
는 데 있어 권위가 있다고 인정받는 사람을 뜻한다. 예수와 함께
갈릴리와 예루살렘을 다니면서 동고동락했던 예수의 열두 제
자를 흔히 '사도'라 부른다. 『사도행전』에 따르면 '사도'가 되려
면 최소한 두 가지 조건을 충족해야 했다.(1:21-22) 하나는 요
한이 세례를 주던 때부터 예수와 함께 다녀야 했고, 다른 하나는
예수의 부활을 목격한 사람이어야 했다. 그러나 바울은 지상을
거닐었던 예수와 함께하지 않았을 뿐 아니라 도리어 그의 교회
를 박해하던 사람이었다. 따라서 바울 자신의 주장과는 달리 예
루살렘을 중심으로 예수 운동을 꾸려나가던 열두 '사도'와 예수
의 혈족이자 예루살렘 교회의 실질적 지도자였던 야고보는 바

울을 사도로 인정하려 하지 않았다. 바울은 자신의 사도직이 계속해서 의심받고 거부당하는 상황에서 예수로부터 '이방인을 위한 사도'로 직접 부름을 받았다고 주장해야 했다. 바울은 자신의 처지가 구약 선지자의 상황과 유사하다고 토로했다. 오로지 신과 자신만이 아는 사실을 다른 이들로 하여금 믿고 받아들이게끔 요청해야 하는 상황에 바울은 처해 있었다. 바울은 예레미야에게서 자신과 유사한 운명을 발견했고, 하느님이 예레미야에게 한 말에 의거해 자신을 이해했다.

주님께서 나에게 말씀하셨다. **"내가 너를 모태에서 짓기도 전에 너를 선택하고, 네가 태어나기도 전에 너를 거룩하게 구별해서, 뭇 민족에게 보낼 예언자로 세웠다."** 내가 아뢰었다. "아닙니다. 주 나의 하느님, 저는 말을 잘 할 줄 모릅니다. 저는 아직 너무나 어립니다." 그러나 주님께서 나에게 말씀하셨다. "너는 아직 너무나 어리다고 말하지 말아라. 내가 너를 누구에게 보내든지 너는 그에게로 가고, 내가 너에게 무슨 명을 내리든지 너는 그대로 말하여라. 너는 그런 사람들을 두려워하지 말아라. 내가 늘 너와 함께 있으면서 보호해주겠다. 나 주의 말이다." 그런 다음에, 주님께서 손을 내밀어 내 입에 대시고, 내게 말씀하셨다. "내가 내 말을 네 입에 맡긴다. 똑똑히 보아라. 오늘 내가 뭇 민족과 나라들 위에 너를 세우고, 네가 그것들을 뽑으며 허물며, 멸망시키며 파괴하며, 세우며 심게 하였다."(『예레미야서』 1:4-10. 강조는 인용자)

『갈라디아서』에서 바울이 자신의 사도직을 설명하면서 주장한 부분(1:16)은 위 인용문에서 굵게 강조한 대목에서 비롯된 것이다. 자격이 없는데도 예레미야를 뭇 민족에게 보낼 예언자로 선택하고 구별한 하느님이 마지막 날에 사도의 자격도 없는 박해자인 자신을 이방인을 위한 사도로 세웠다고 바울은 주장한다. 하느님이 예레미야에게 나타난 것을 본 사람이 없듯 바울에게 나타난 예수 그리스도를 본 사람도 없다. 그럼에도 하느님의 뜻을 전해야 하는 선지자처럼, 바울은 이방인을 위한 사도로서 예수와 그의 부활을 전해야 하는 운명에 놓여 있었다. 바울은 이를 '아낭케ἀνάγκη'로 불렀다. 헬라어 '아낭케'는 신과 인간이 모두 따라야 하는 필연적 힘이나 질서를 의미했다.[27] 박해자였다가 이제 사도로 일해야 하는 '숙명'을 바울은 은혜로 받아들였다. 하느님이 직접 자신의 아들을 계시해주고, 그 아들을 전하는 특별한 임무를 준 것을 '은혜'라고 부르지 않을 수 없었다.

바울은 은혜와 '아낭케'의 조합을 통해 '이방인을 위한 사도'로 거듭났다. 이 거듭남은 그에게 익숙한 세상과의 결별을 뜻했다. 비록 로마의 지배를 받는 유대인이었지만, 그는 팔레스타인에서 나름의 목소리를 높이던 영향력 있는 분파에 속했다. 그러나 이제는 로마 제국의 사형수를 하느님의 그리스도로 전파하는 사도가 되었다. 그 자신이 그토록 경멸했던, 율법을 모르고 사는 '땅의 사람들'처럼 되었다. 새로운 삶을 살기 위해서 그는 기존의 가치관을 송두리째 바꿨고 생명력 넘치는 삶, 곧 부활의 삶을 살기 위해 예수처럼 고난에 동참하고 마침내 죽음까지 본받으려 했다. 그는 사도가 되기 이전과 이후의 달라진 자신을 이렇게 표현한다.

나는 내게 이로웠던 것은 무엇이든지 그리스도 때문에 해로운 것으로 여기게 되었습니다. 그뿐만 아니라, 내 주 예수 그리스도를 아는 지식이 가장 고귀하므로, 나는 그 밖의 모든 것을 해로 여깁니다. 나는 그리스도 때문에 모든 것을 잃었고, 그 모든 것을 오물로 여깁니다. 나는 그리스도를 얻고, 그리스도 안에 있는 사람으로 인정받으려고 합니다. ……내가 바라는 것은, 그리스도를 알고, 그분의 부활의 능력을 깨닫고, 그분의 고난에 동참하여, 그분의 죽으심을 본받는 것입니다. 그리하여 나는 어떻게 해서든지, 죽은 사람들 가운데서 살아나는 부활에 이르고 싶습니다.(『빌립보서』 3:7-11)

"죽은 사람들 가운데서 살아나는 부활에 이르고 싶다"는 그의 소망은 일부의 오해대로 내세의 천당에서 살고자 한다는 뜻이 아니다. "죽은 사람들 가운데"는 죽음을 각오하고 의의 길을 가고자 한다는 것이고, "살아나는 부활"은 그 길을 걸어간 자신이 하느님으로부터 의인으로 인정받고 그와 더불어 사는 삶을 의미한다. 하느님으로부터 인정받는 길이 그리스도 안에 있는 것이니, 그는 그리스도를 기준으로 세상의 질서를 재편한 것이다. 이러한 삶은 안온하지 않다. 충실한 사도의 삶은 이 세상에서 영광보다는 수치를, 안락보다는 고난을 의미했다. 바울은 사도로서의 삶을 이렇게 묘사했다.

내가 생각하기에, 하느님께서는 사도들인 우리를 마치 사형수처럼 세상에서 가장 보잘것없는 사람들로 내놓으셨습니다. 우리는 세계와 천사들과 사람들에게 구경거리가 된 것입니다. 우리는 그리스도 때문에 어리석은 사람이 되었지만, 여러분은 그리스도 안에서 지혜 있는 사람이 되었습니다. 우리는 약하나, 여러분은 강합니다. 여러분은 영광을 누리고 있으나, 우리는 천대를 받고 있습니다. 우리는 바로 이 시각까지도 주리고, 목마르고, 헐벗고, 얻어맞고, 정처 없이 떠돌아다닙니다. 우리는 우리 손으로 일을 하면서, 고된 노동을 합니다. 우리는 욕을 먹으면 도리어 축복하여 주고, 박해를 받으면 참고, 비방을 받으면 좋은 말로 응답합니다. 우리는 이 세상의 쓰레기처럼 되고, 이제까지 만물의 찌꺼기처럼 되었습니다.(『고린도전서』 4:9-13)

고린도 지역 교회에 보내는 편지에서 바울은 예수를 그리스도로 믿고 우쭐해진 사람들을 비꼬고 훈계하는 맥락에서 사도의 삶이 어떤지 알려준다. 하느님은 사도인 자신들을 사형수처럼 사람들 앞에 "내놓고" "구경거리"[28]가 되게 했다. 이것은 당시 로마 제국의 원형경기장을 염두에 둔 표현이다. 원형경기장에서는 검투사들이 서로 겨루거나 짐승들과 겨루었고, 때로는 오락을 위해 무기를 가진 사형수들과 결투를 벌이기도 했다. 검투장에서 벌어지는 경기는 때로 각본에 따라 이루어지기도 했다. 노련한 검투사들은 행사가 절정에 이르도록 '초보 검투사'인 사형수들을 알맞은 때에 죽여 검투장의 분위기를 일부러 고조시키기도 했다. 그렇게 관객들 앞에 '내놓인' 사형수들은 구경거리가 된다. 바울은 사도인 자신이 그리스도 때문에 이 세상의 기준에서 "어리석은" 일을 하고, "약한" 사람이 되고 "천대"를 받는다고, 곧 '내놓인' 사람이 되었다고 말한다. 이 말은 우쭐해진 고린도 교인들을 비꼬는 수사학적 맥락이 있다 해도 진실한 것이었다. 마침내 바울은 자신이 이 세상의 "쓰레기", 만물의 "찌꺼기" 처럼 되었다고 토로한다. 이것은 마치 신발에 묻어서 털어내는 더러운 흙먼지, 설거지 이후 개수구에 남겨진 음식물 찌꺼기와 같은 존재가 됐음을 가리킨다.

　바울의 사도됨과 그의 찌꺼기/쓰레기됨에 대한 풍부한 신학적 논의가 있는데, 프랑스의 알랭 바디우도 이 점에 주목하여 바울을 자신의 철학에 수용한다. 그는 바울이 이른바 '진리 사건'을 통해 보편적이면서 개별적인 주체로서 그리스도의 사도가 되었다고 선언한다. 바디우에 따르면 바울은 로마 제국의 폭력의 보편성과 헬라 문화의 기만적 지혜의 보편성을 모두 거부하고, 유대주의라는 특수한 공동체주의도 거부한 채, 기존의 어떤 담론이나 외부 조건과 상관없이 일어나는 '진리 사건'을 통해 보편적이면서 개별적인 순수한 주체로 소환되었고, 기존 질서의 밖에 놓인 그 주체는 현재 세상에서 "쓰레기"됨의 "주체성"을 수용했다. "우주적 총체성을 가로지르고 해체하는 그리스도라는 사건은 바울에게서는 정확히 그러한 자리들의 헛됨을 가리킨다. ……우리는 찌꺼기의 주체성을 수용해야 한다. 그리스도교 담론의 대상은 오로지 이러한 낮춤을 대면할 때에만 갑자기 출현할 수 있다."[29]

선교 여행

　사도 바울의 삶의 방식은 예수를 닮아가려는 몸짓이었다. 바울은 예수를 단지 입으로만 전하려고 하지 않았다. 예수를 전하는 가장 탁월한 방식은 또다른 예수로서 살아가는 것, 예수의 삶의 모습 자체를 보여주는 것이다. 예수가 하느님의 육화肉化라면, 바울은 예수의 현현으로 불리기를 원했다. 그는 예수처럼 돌아다녔다. 예수는 당대의 저명한 유대인 랍비들처럼 한곳에 머물며 제자들이 찾아오기를 기다리지 않았다. 예수는 자신을 통해서 하느님의 통치가 시작되리라 믿었고, 때가 긴급하다고 느꼈다. 바울 역시 가만히 앉아 있지 않았다. 지중해 지역 곳곳을 돌아다니는 가운데 바울은 하느님이 종말의 때에 예수를 통해 야훼의 새로운 '백성'을 만들려 한다고 믿었고, 그 백성을 새로이 창조하는 데 자신의 특별한 임무가 있다는 계시를 받았다. 그는 대략 2만 킬로미터를 이동했고, 가는 곳마다 예수의 복음을 전했다. 다만 예수와 바울의 여행에는 생태학적 차이가 있었다. 예수가 농촌을 중심으로 움직였다면 바울은 도시, 그것도 로마 제국의 주요 도시들을 찾아다녔다. 이것은 로마의 정복 방식을 모방한 것이었다. 로마 제국은 지역의 핵심 도시를 정복하여, 그 도시가 거느리는 부속 도시들을 손쉽게 손아귀에 넣는 전략을 택했는데, 바울도 지역의 핵심 도시에 예수 공동체를 세우고 그곳을 주변 지역 선교의 거점으로 삼았다. 이를 위해 그는 줄곧 여행했고, 낯선 땅에서 생면부지의 사람들에게 예수를 알렸다. 지중해 주변 중에서도 주변, 특별히 알려진 것도 없고 알려질 것도 없는 갈릴리 나사렛 출신의 한 사람을 그레코-로만 세계에 사는 사람들에게 알렸던 것이다. 바울은 전도하는 곳에서 사람들을 모아 신앙의 공동체, 곧 '에클레시아ἐκκλησία'를 세웠다.

『사도행전』은 바울의 세 차례 선교 여행을 전한다. 물론 이 여행은 바울 혼자만의 여행이 아니었다. 바나바, 실라, 디모데 등이 각 여행 때 그와 동행했다. 첫번째 여행에서는 바나바와 함께 안티오키아에서 출발하여 키프로스를 거쳐 갈라디아에 갔다가 다시 안티오키아로 돌아왔다.(13-14장) 두번째 여행에서는 안티오키아에서 출발하여 길리기아와 갈라디아를 거치고, 소아시아를 가로질러 유럽에 속하는 마케도니아의 필립비와 마침내 아카이아의 아테네 그리고 고린도까지 영역을 확대하고 안티오키아로 돌아왔다.(16-18장) 세번째 출발지 역시 바울의 근거지인 안티오키아였다. 그곳에서 갈라디아, 소아시아, 마케도니아, 아카이아를 거치면서 이전 지역을 다시 돌았지만, 이번에는 안티오키아로 돌아가지 않고 예루살렘으로 들어갔다. 바울은 자신이 만든 교회가 어느 정도 성숙하면 그곳에 적절한 지도자들을 내세운 다음 이내 다른 곳으로 옮겨갔다.

지중해 세계에 예수의 이름으로 모이는 공동체를 세우는 일은 결코 쉽지 않았다. 우선 로마 제국은 오늘날의 민주주의 사회와는 달리 집회와 결사의 자유를 허락하지 않았다. 유대교는 '공인된 종교'로 존중을 받고 있었지만, 예수의 에클레시아는 로마가 '불법적 종교'로 간주할 만한 대표적인 특징을 지니고 있었다. 예수의 에클레시아는 오래되지 않았고, 전통적인 종교들과는 달리 단일한 민족이나 특정 지역에 얽매이지 않았다. 그들은 따로 신전을 갖지도 않았다. 로마 당국 입장에서 이 모임은 '종교 회합'이 아니라 '콜레기아collegia'나 '하이타이리아haetaeria'로 보일 수 있었다. 콜레기아가 공통 관심사(이익단체, 동일 연령, 동일 취미 등)를 가진 합법적인 모임이라면, 하이타이리아는 흔히 정치적 목적을 띤 비밀결사와 같은 불법적인 모임이었다. 로마 당국은 후자에 대해 매우 민감하게 반응하며 탄압했다.

바울이 가는 주요 도시에는 디아스포라 유대인들이 회당을 중심으로 살고 있었지만, 이들은 바울이 전하는 '도道'를 마음으로 받아들일 자세가 되어 있지 않았다. 부활한 예수를 만나기 전에 바울이 그러했듯 디아스포라 유대인 다수도 바울의 선포를 수용하기가 쉽지 않았다. 대신 바울은 비유대인에게서 얼마간의 성과를 거두었다. 특별히 '하느님을 경외하는 사람들'이라고 불리는, 유대교에 호감을 가지고 있던 비유대인들이 바울의 메시지에 반응했던 것이다. 그러나 지역 통치자들은 별 소동이나 소란이 없는 안정을 원했기에, 바울 일행이 지역 사회를 술렁이게 하는 일을 달가워하지 않았다. 따라서 유대인들이 바울 일행을 적극 배척하면 바울은 그곳을 쫓겨나듯 떠나야 했다.

선교 와중에 바울은 동족인 유대인들에게 견제와 배척을 받았을 뿐 아니라 예수 운동에 참여한 동료 유대인 그리스도인들에게도 견제와 비난을 받았다. 특히 예루살렘을 중심으로 일정한 권위를 가지고 있던 '보수적인' 유대인 예수 운동가들은 비유대인을 상대로 한 바울의 선교를 부정적으로 보았다. 바울이 비유대인과 유대인이 함께 모이는 공동체를 조직하면서 유대 율법에서 완전히 떠난 듯 보였기에, 보수적인 유대 그리스도인들은 바울의 선교를 탐탁지 않게 여겼다. 특히 예루살렘에는 예수의 동생으로 알려진 야고보가 교회의 실질적 지도자였는데, 전승에 따르면 그는 예수를 믿지 않는 유대인들에게도 율법을 잘 지키는 경건한 인물로 존경을 받았다. 예루살렘의 유대인 예수 제자들에게는 유대인으로 살면서, 곧 율법과 유대인의 전통적 관습을 지키면서 예수를 따르는 것이 그다지 모순되지 않았다. 그러나 유대 지역과 완전히 다른 그레코-로만 세계를 여행하며 선교하던 바울은 유대 전통과 관습, 그리고 율법을 비유대인에게 지키라고 강요할 수 없었고, 근본적으로 그것이 달리 해석되어야 하는 새 시대가 왔다고 생각했다. 더군다나 유대인의 율법 중 일부는 유대인과 비유대인의 경계를 세우고, 그 경계 안에 있는 유대인의 우월감과 배타성을 강화하는 기능을 수행했다. 바울이 보기에 비유대인과 유대인이 '한몸'을 이루어야 하는 예수 공동체에서 이는 치명적인 악이었다.

예루살렘에 기반을 두고 예수를 전하던 보수적인 유대인 예수 선교사들은 바울의 복음과 그의 사도직을 문제삼았다. 율법을 강조하는 그들은 바울이 세운 교회에 와서 바울이 전한 복음에 결함이 있다고 주장했다. 하느님이 모세에게 내려준 율법의 주요한 사항들을 바울이 누락했다는 것이다. 대표적으로 문제가 된 것은 '할례'였다. 유대인들은 할례가 하느님의 백성임을 나타내는 표지라고 믿었는데, 보수적인 유대인 예수 선교사들은 이방인이 하느님의 백성이 되려면 먼저 유대인이 되어야 하고, 유대인이 되기 위해서는 할례라는 의식을 거쳐야 한다는 주장을 폈다. 또 그들은 바울이 역사적 예수에게서 배운 적이 없고, 예루살렘의 주요한 사도들이 그를 사도로서 인정한 바가 없다고 말했다. 공식적인 사도의 권위가 없고, 그가 전한 복음도 결함투성이라는 게 그들의 요점이었다. 바울의 거의 모든 편지에는 이에 맞서 자신의 사도직과 자신이 전한 복음을 변호하는 본문이 나온다. 『갈라디아서』 같은 경우는 바울의 공동체에 찾아와 바울의 사도직과 복음을 비판하는 이들에 대한 방어와 변론이 주요 내용이다. 바울의 글을 읽어보면 그가 얼마나 이 문제를 중요하게 다루었는지 알 수 있다.

> 사람들이 시켜서 사도가 된 것도 아니요, 사람이 맡겨서 사도가 된 것도 아니요, 예수 그리스도께서 그리고 그분을 죽은 사람들 가운데서 살리신 하느님 아버지께서 임명하심으로써 사도가 된 나 바울이…… (『갈라디아서』 1:1)

> 형제자매 여러분, 내가 여러분에게 밝혀드립니다. 내가 전한 복음은 사람에게서 비롯된 것이 아닙니다. 그 복음은, 내가 사람에게서 받은 것도 아니요, 배운 것도 아니요, 예수 그리스도의 나타나심으로 받은 것입니다. 내가 전에 유대교에 있을 적에 한 행위가 어떠했는가를, 여러분이 이미 들은 줄 압니다. 나는 하느님의 교회를 몹시 박해했고, 또 아주 없애버리려고 했습니다. 나는 내 동족 가운데서, 나와 나이가 같은 또래의 많은 사람보다 유대교 신앙에 앞서 있었으며, 내 조상들의 전통을 지키는 일에도 훨씬 더 열성이었습니다. 그러나 나를 모태로부터 따로 세우시고 은혜로 불러주신 [하느님께서], 그 아들을 이방 사람에게 전하게 하시려고, 그를 나에게 기꺼이 나타내 보이셨습니다.(『갈라디아서』 1:11-16)

바울은 자신의 사도직이 '사람'이 아니라 '예수 그리스도'와

'하느님 아버지'에게서 임명받은 것이라고 선언한다. 또 자신이 전한 복음 역시 '사람'에게서 비롯되지 않고 '예수 그리스도'의 현현으로 받은 것이라고 주장한다. 이와 같이 바울은 세상 권력 및 동료 유대인 예수 추종자들과의 피 말리는 싸움을 세밀하고 지혜롭게 주도해나가면서 동시에 비유대인들에게 예수의 복음을 전해야 하는 '삼중의 어려움'을 겪고 있었다. 여기다 더해 그는 선교 과정에서 직접 생계와 선교 비용도 책임져야 했다. 의식주를 비롯해 선교 여행과 전도 활동에 필요한 비용은 결코 적지 않았을 것이다. 이를 해결하기 위해 그는 육체노동을 했다. 바울 정도면 '지식'을 팔아도 되었을 텐데 말이다.

　고대 지중해 세계에는 이곳저곳 돌아다니며 지혜나 지식을 가르치는 지혜교사(소피스트)들이 있었다. 그들은 자신의 지식을 팔아 생계를 해결하고 명예를 얻고자 했다. 소피스트들은 자신들의 지적 활동을 좋게 보는 지역 유지의 후원에 의지해 돈과 유명세를 얻었다. 이런 소피스트들은 우선적으로 후원자의 이익을 위해 일하기 마련이었다. '말'로 복음을 전하는 바울 역시 그러한 종류의 소피스트로 비칠 수 있었고, 실제로 바울의 복음을 듣고 그를 재정적으로 후원하려는 움직임도 있었던 것 같다. 그러나 바울은 재정적 후원을 받고 그 후원자에게 매이기를 거부하여 스스로 육체노동을 선택했다. 오늘날 우리 사회에서도 마찬가지지만 고대 그레코-로만 세계에서 육체노동은 대단히 천시되었다. 로마의 귀족들에게 헬라어나 헬라 문화를 가르치며 정신노동을 하는 노예도 있었지만, 절대 다수의 노예는 육체노동에 종사했다. 육체노동은 어디까지나 노예의 몫이었다. 로마의 귀족들은 '노동'을 하지 않았고,[30] 심지어 정치적으로 성공하고자 하는 야심가들은 직업이 없는 것을 명예로 알았다. 직업을 가지면 그 직업을 통해 이득을 보려 하는데, 자신들은 개인적으로 이득을 추구하지 않으며, 풍부한 재산을 공공의 이익을 위해 쓸 수 있다고 주장했다.

바울은 천막 제조를 했다고 알려져 있는데, 아마도 가죽 다루는 일이 아니었나 싶다. 당시 가죽을 다루는 일은 당연히 명예로운 직업이 아니었다. 그런데도 바울은 굳이 육체노동을 하면서 다른 이들의 경제적 후원을 한사코 거절했다. 이를 통해 사도인 자신은 소피스트들처럼 사람에게 고용된 것이 아니라 하느님의 임무를 수행한다는 것을 알리려 했다. 또 바울의 육체노동은 그의 전향이 가져온 숙고된 결과이기도 했다. 바울은 엘리트주의적 분리와 배척의 정치학에서 '아무것도 아닌 것들'을 향한 연민과 포용의 정치학으로 전환했는데, 이는 '머리'만이 아니라 그 머리가 이끄는 '몸'의 계급적 변화를 가져왔다. 엘리트가 아니라 주로 하층계급 사람들과 어울리게 된 바울은 자신이 세운 공동체의 구성원들에게 경제적 부담을 지우고 싶지 않았다. 예수 공동체는 부유한 이들의 공동체가 아니었고, 대다수 구성원은 빈곤과 가난에서 벗어나지 못했다. 바울은 그런 공동체에 자신의 활동비용을 부담시킬 수 없었다. 동시에 바울의 육체노동은 그의 전향 및 사도로서의 정체성과 밀접하게 연결되어 있었다. 전향 후 바리새파 바울은 기꺼이 육체노동자들 속으로 들어가 그 일원이 되었다. 하느님이 사람이 되어 종처럼 살다가 마침내 죽음까지 맞이했는데, 하느님의 복음을 전하기 위해 사도가 육체

렘브란트, 〈사도 바울로 분한 자화상〉, 1661, 암스테르담 국립박물관 소장. 예수의 외모에 대해서는 어떤 기록도 남아 있지 않은 반면, 2세기의 것으로 추정되는 『바울과 테클라 행전』에는 바울의 외모가 묘사돼 있다. "그들은 바울이 걸어오는 것을 보았다. 그는 다부져 보였고, 좁은 미간에 벗겨진 머리, 굽은 다리, 깊은 눈, 그리고 큰 매부리코를 가지고 있었다. 은혜로 가득차 있었고 때로는 사람, 때로는 천사의 얼굴을 하고 있었다."

노동자가 되는 것은 아무것도 아니었다. 바울은 스스로 높은 지위에서 특권을 누리기를 거부했다. 대신 그는 낮은 곳으로 내려가 새로운 세상을 살아가는 대안적 모임을 조직했다.

편지를 쓰는 사도

바울이 예수 다음으로 영향력 있는 인물이 된 것은 그가 남긴 글 때문이라고도 할 수 있다. 신약성서에는 『마태복음서』 등 복음서가 순서상 먼저 나오지만 실제로는 바울의 편지들이 가장 먼저 기록되었다. 바울은 선교 여행을 하면서 각 지역 교회에 편지를 보냈다. 동시대인이었던 세네카는 출판을 목적으로 편지 형식을 빌려 자신의 사상을 전했는데, 바울은 출판까지는 생각하지 않았더라도 자신이 쓴 편지가 교회의 회중 앞에서 공개적으로 낭독될 것을 염두에 두었다. 그의 글은 당시에도 이미 영향력을 가지고 있었다. 심지어 바울에 반대하는 사람들조차 바울의 글이 가진 힘을 인정하지 않을 수 없었다.

> 나는 편지로 여러분에게 겁을 주려고 하는 것처럼 보이고 싶지는 않습니다. "바울의 편지는 무게가 있고, 힘이 있지만, 직접 대할 때에는, 그는 약하고, 말주변도 변변치 못하다" 하고 말하는 사람들이 있습니다. 이런 사람들은, 우리가 떠나 있을 때에 편지로 쓰는 말과, 함께 있을 때에 행하는 일 사이에는, 아무런 차이가 없다는 것을 알아야 합니다.(『고린도후서』10:10)

바울은 교회를 세우고, 그곳에 일정 기간 머물다가 다른 곳으로 이동했는데, 교회는 늘 이러저러한 문제에 시달리기 마련이었다. 바울은 편지를 통해 그런 문제들에 답을 주고, 보다 선명한 복음을 알도록 도왔다.

지금 남아 있는 것보다 더 많은 편지를 썼겠지만, 오늘날까지 전해지는 바울의 편지는 13편이다. 그중 『로마서』, 『고린도전서』, 『고린도후서』, 『갈라디아서』, 『빌립보서』, 『데살로니가전서』, 『빌레몬서』 등 7편은 이른바 '진정 서신'으로 바울의 저작이다.[31] 많은 학자들은 『에베소서』, 『골로새서』, 『데살로니가후서』, 『디모데전서』, 『디모데후서』, 『디도서』 등 6편을 '제2바울서신'이라 부른다. 바울이 직접 쓰지 않고 후대의 바울 추종자들이 기록했다고 보기 때문이다. 보수적인 학자들은 이조차도 바울의 저작이라고 주장하지만, 제2바울서신에는 바울 이후 발전되고 조직화된 교회의 모습이 반영되어 있다. 게다가 '진정 서신'과 '제2바울서신'은 문체도 다르고, 특정 주제에 관해 서로 다른 가르침이 담겨 있기도 하다.

마커스 J. 보그와 존 도미닉 크로산 같은 학자들은 더욱 정교하게 '세 사람의 바울'로 나눈다.[32] 진정 서신을 쓴 바울은 '급진적인 바울'로 신앙과 사회에 대해 매우 진보적인 가르침을 편다. 『디모데전서』, 『디모데후서』, 『디도서』는 기원후 100년경 후대의 바울 추종자들이 작성한 것으로, 여기에 나타나는 바울의 모습은 '반동적인 바울'이다. 원래 바울의 급진적인 사상에 반하여 기존 체제와 질서에 편입되는 모습이 나타나기 때문이다. 마지막으로 '급진적인 바울'과 '반동적인 바울' 사이에 '보수적인 바울'의 모습이 드러나는 『에베소서』, 『골로새서』, 『데살로니가후서』 등의 서신이 있다. 보그와 크로산은 노예제와 가부장제에 관해 '급진적인 바울'이 '보수적인 바울'로 바뀌었다가 '반동적인 바울'로 둔갑하는 과정을 세세히 논증한다.[33] 그들의 논증을 다

받아들일 수는 없다 하더라도, 바울 서신이 동일 주제에 대해 서로 다른 가르침을 주는 부분이 있다는 인상을 부정하긴 어렵다.

남의 이름으로 쓴다는 것이 오늘날 우리에게는 '범죄'나 부도덕한 일이겠지만, 1세기 그레코-로만 세계의 사정은 달랐다. 권위 있는 사람의 이름을 빌려 작품을 쓰는 것은 드물지 않은 일이었다. 물론 권장사항은 아니었고, 위명僞名에 대해 곱지 않은 시선 역시 존재했지만 당대 작가들은 선대 사람들의 권위를 빌리려 했다. 의학 지식과 관련된 글은 히포크라테스를, 철학은 피타고라스를, 연설은 데모스테네스를 저자로 삼곤 했다. 유대인 작가라면 '지혜'에 관한 글은 솔로몬, 시詩는 다윗의 이름을 주로 사용했다.

교회 회중을 상대로 공개 낭독되는 형태로 회람하도록 기록되었지만, 바울의 편지는 기본적으로 매우 특정한 상황에서 특정한 문제를 다룬다. 다시 말해 그 편지들은 오늘을 사는 우리를 향해 쓴 글이 아니다. 따라서 그 편지들을 제대로 해석하기 위해서는 당시 상황을 재구성하고 그 상황에서 바울의 의도가 무엇이었는지를 알아가는 이른바 '역사 비평'이 필요하다. 또 그의 편지가 해석되어온 '해석사'도 함께 점검해야 한다. 바울의 글은 때로 본래 문맥에서 이탈되어 왜곡과 의도하지 않은 '발전'의 해석사를 품고 있기 때문이다.

5. 하늘 시민권자 바울과 해체하는 중심

해체하는 중심의 힘

지금까지의 논의가 주로 표층 혹은 의식 차원의 것이라면, 이제 표층 뒤에 있는 바울의 '무의식' 혹은 욕망과 관련된 부분을 다루려 한다. 그 가운데 유난히 눈에 띄는 주제는 바울의 중심 지향성과 그 지향하는 중심의 해체에서 오는 낙차의 힘이다.

디아스포라 유대인 출신인 바울은 '세계의 중심'인 예루살렘으로 갔고, '세상 질서와 지혜의 중심'인 율법을 얻고자 했다. 그는 예루살렘의 동료 유대인들과 달리 더 넓은 세상의 말과 지식인 헬라어와 헬라 철학에 능숙했지만, 결코 그것으로 만족하지 않았다. 그는 동료들보다 더 높은 '열정'으로 '유대인 중의 유대인'이 되고 싶어했다. 그러한 욕망과 그 욕망의 사다리 끝에는 하느님이라는 궁극적 존재와의 '연합' 혹은 하느님을 인격적으로 가장 내밀하게 아는 초월적 지식이 있었다. 궁극적 존재에 대한 갈망, 중심을 향한 욕망은 그의 내면을 지배하는 힘이었다. 이것은 이른바 종교적 욕망의 극한이다. 바울의 중심 지향성이 강화된 데에는 그의 출신 배경이 어느 정도 작용하지 않았나 싶다. 다소 출신인 그는 예루살렘의 주변부에서 출발하여 중심의 중심으로 가고자 했다.

한편, 자신이 박해하던 기독교로 전향한 후에도 바울의 중심 지향성은 바뀌지 않았다. 전향 후 바울은 예수를 신적 인물로 높이는 데 있어 예수 운동의 '중심' 인물들로 여겨지던 예수의 형제 야고보나 유력한 제자 베드로보다도 더 열정적이었다. 이것은 추앙받는 존재를 높이면서, 그를 열정적으로 찬양하는 사람이 더불어 권위를 얻는 방식이다. 의도적이지는 않았을지 몰라도, 바울은 이렇게 예수를 급격하게 신격화함으로써 자기 자신에게 권위를 부여했다. 바울은 자신이 부활한 예수를 직접 만난 제자, 곧 '사도'라고 줄기차게 선언하지만, 그러한 선언은 '역사적 예수', 곧 땅 위를 걸었던 예수와 함께했던 갈릴리 출신의 제자들이나 예수의 형제 야고보에게 받아들여지지 않았다. 바울은 유대 전통을 기준으로도 주변부 출신이었지만, 그가 전향한 예수 공동체 사회에서도 주변부에 속했다. 그는 '역사적 예수'를 만난 적도, 그를 따랐던 적도 없고, 심지어 예수의 제자들을 박해하던 사람이었다. 그는 자격 면에서는 스스로 고백하듯 "달이 차지 못하여 난 자와 같은", "사도들 가운데서 가장 작은"(『고린도전서』 15:8-9) 사도였다. '달이 차지 못하여 난 자'는 결코 가

벼운 말이 아니다. 치료될 수 없는 장애를 가졌다는 뜻이기 때문이다.

예수의 신성神性, 곧 예수가 하느님과 같은 존재라는 고백은 예수의 부활을 체험한 제자들에게서 본격적으로 시작된 듯하다. 부활 후에 기록된 복음서는 예수의 지상 활동 기간에 이미 그의 신성을 알아채고, 그것을 고백하고 선언한 사람들이 있다고 기록한다. 그러나 예수의 부활 체험이 제자들에게 예수의 정체에 대한 새로운 각성을 준 것은 분명하다. 바울은 그의 전향 초창기부터 예수의 하느님됨을 고백하는 신앙 흐름에 동참했다. 예수를 하느님으로 보는 신앙 흐름이 초반부터 주도권을 쉽게 틀어쥐지 않았는데도 말이다. 바울은 『빌립보서』에서 예수의 선재先在, 곧 세상이 만들어지기 전에 존재하던 예수를 높이는 찬양시를 소개한다. 이 찬양시가 바울의 작품인지 아니면 바울 이전에 있었던 찬양을 옮긴 것인지, 그도 아니면 바울 이전에 있던 찬양시를 바울이 다소간 손보아 기록했는지는 확실하지 않다. 그러나 어떤 경우에도 바울은 그 찬양시를 동료 예수 제자들과 함께 부르기를 원했다. 우리말 성서 번역본들은 그 부분이 찬양시 혹은 찬양노래인 것이 분명히 드러나지 않아 내가 새롭게 이 부분을 번역해 보았다.

그분은 하느님의 모습,

허나 아무것도 아닌 것으로

스스로 비워내어

하느님과 같다고

고집스레 우기지 않으셨네.

노예의 모습 가지셨지.
사람의 모습 되시고,
사람으로 보이셨지.
스스로 낮추시어
죽음에 이르도록 복종하셨네.
그분,
십자가에서 죽으셨네.

그러니 하느님이 그분,
높이 올리실 수밖에!
그분의 이름,
모든 이름 위에 올리실 수밖에!

하늘에 있는,
땅 위에 있는,
땅 아래 있는 모든 만물,
예수의 이름 앞에 무릎 꿇으며 경배하네!
모든 만물 입 열어,
예수 그리스도는 주님이라 고백 찬양하며
하느님께 영광 돌리네!

(『빌립보서』2:6-11)

이 시에서 예수에 대한 바울의 고백은 가만히 두었으면 근본주의적 엘리트주의로 흐를 수 있었던 바울의 중심 지향성이 철저히 뒤집어졌음을 보여준다. 이 시에 나타난 예수의 운동 방향은 흥미롭다. 예수는 하느님의 모습, 곧 하느님의 형상이다. 그러나 예수는 높음과 중심의 최절정인 하느님과 동등하다고 고집스럽게 우기지 않는다. 하느님의 지위를 놓치지 않겠다고 몸부림치지 않는다. 예수는 중심에서 이탈하여 낮음을 향한다. 스스로를 "아무것도 아닌 것으로 비워내어"에서 '비워내다'는 헬라어 동사 '케노오^{κενόω}'를 번역한 것인데, 문자적으로 '비우다' 또는 '파괴하다'라는 뜻이다. 예수는 하느님이라는 중심과 높음을 고집하고 않고 오히려 비워냈고, 그렇게 낮아진 결과로 종 혹은 노예의 모습을 가지게 되었다. '하느님의 모습'에서 '노예의 모습'으로! 그리고 예수는 그 모든 과정을 철저히 자발적으로 선택한다. 예수의 선택은 비천함을 감내하면서 마침내 죽음에 이르는 시점까지 '복종'하는 것이었다. 그의 복종은 하느님과 인류, 인류와 인류, 나아가 인류와 만물의 화해를 위한 사역을 가리킨다. 그런데 그 결과는 십자가에서 죽는, 혹은 죽임당하는 것이었다. 이로써 예수는 하느님에서 인간으로, 인간 중에서도 복종하는 노예로 내려오고, 마침내 십자가에서 죽음으로써 생명을 가진 인간에서 죽어버린 시체, 곧 무생물이 된다. 그의 자발적 선택과 의지적 복종에서 비롯된 이 과정에는 바로 바울과 초기 기독교인들이 따르고자 했던 예수의 '마음'이 담겨 있었다.

존재의 궁극이자 중심인 하느님은 중심에서 주변으로, 높음에서 낮음으로, 하느님에서 시체로 비우고 내려가 '아무것도 아닌'

것이 되고자 했다. 그리고 그 낙차落差에서 발생하는 힘으로 생명을 불러오려 했다. 바울의 중심 지향성은 여기서 역설적으로 '남아 있으면서도 해체'된다. '남아 있는' 것은 바울의 성정性情으로서의 중심 지향성이다. '해체'되는 것은 바울이 예수 운동으로 전향하기 전에 가졌던 중심 지향성의 내용과 작동 원리다. 바울이 가닿을 중심은 언제나 주변으로, 높음은 낮음으로 향하고, 결국 하느님에서 무생물이 되기로 스스로 선택하고 자기를 비운다. 바울과 다른 기독교인들은 바로 이를 찬양한다. 또 이러한 예수를 하느님은 높인다. 이제 다시 높아지는 예수는 낮아지기로 한 예수다. 만물의 찬양을 받을 예수는 하느님에서 무생물이 되려고 스스로 비워내기로 한 예수다. 하느님은 아무것도 아닌 것이 되기로 한 예수를 높인다. 그리고 기독교인들은 바로 그러한 예수를 찬양한다. 하여 바울을 비롯한 모든 예수 제자는 중심을 지향할수록 중심에서 멀어지게 되어 있다. 높아지려 할수록 낮아지게 되어 있다. 어떤 일에 하느님처럼 되려고 할수록 무생물이 되어간다. 그리고 바울은 그 자발적 낙차에서 발생하는 힘으로 세상을 살리려 했다.

　　앞의 찬양시에 나타난 자기 비움의 기독론基督論(예수 그리스도에 대한 이론)은 헬라어 '케노오'의 명사인 '케노시스'를 따 '케노시스 기독론'이라 불린다. 이것은 기독교의 핵심적인 믿음 가운데 하나로 여러 세대를 통해 연구와 묵상의 주제였는데, 현대 철학자 슬라보예 지젝도 바로 이 부분을 기독교의 정수로 보면서 자신의 기독교 해석과 철학에 전유했다. 지젝에 따르면, 신의 자기포기 혹은 자기제한은 불완전성을 완전성보다 상위 개

념으로 있게 하고, 완전한 것이 아니라 불완전한 것을 사랑하게
하는 근거가 된다. 이것은 완벽하다고 선언되는 기존 질서와 체
계에 균열과 틈을 만드는 윤리로 이어진다. 신의 존재 방식 자체
가 기존 질서에 대한 해체이기 때문이다. 나아가 존재의 궁극인
신은 끊임없이 해체되기에, 텅 빈 '대타자' 뒤에 어떤 신비도 초
월도 없게 되는 것이야말로 기독교적 체험의 핵심이라고 지젝
은 주장한다.[34] 이를 통해 그는 유물론적 신학자로 자처하며 기
독교의 전복성을 살려내려 했다.

'하늘' 시민권자

중심의 해체가 원심력, 곧 확산과 내려감의 힘이라면, 바울에게
는 그것과 역학관계를 이루는 보편 혹은 초월의 상징 역시 있었
다. 원심력이 질서의 해체와 관련 있다면 초월의 힘은 새로운 형
태의 질서, 곧 기존 체계에는 낯선, 그러나 이른바 '진리 사건'에
서 파생되는 질서와 연관된다. 바울이 내세우는 '하늘 시민권'
개념도 이에 속한다. '하늘'은 동서고금을 막론하고 보편의 상징
인데, '하늘 시민권'은 그 보편에 참여한 이들의 권리와 책임을
뜻한다.

바울은 이렇게 말한다.

형제자매 여러분, 다 함께 나를 본받으십시오. 여러분이 우리를 본보
기로 삼은 것과 같이, 우리를 본받아서 사는 사람들을 눈여겨보십시

오. 내가 여러분에게 여러 번 말했고, 지금도 눈물을 흘리면서 말하지만, 그리스도의 십자가의 원수로 살아가는 사람이 많이 있습니다. 그들의 마지막은 멸망입니다. 그들은 배를 자기네의 하느님으로 삼고, 자기네의 수치를 영광으로 삼고, 땅의 것만을 생각합니다. 그러나 우리의 시민권은 하늘에 있습니다.(『빌립보서』 3:17-20)

빌립보 교회에 보낸 편지에서 바울이 시민권을 언급하는 맥락은 "그리스도의 십자가의 원수로 살아가는 사람"들과 다른 삶, 곧 모범적인 삶을 살아가자는 눈물 어린 권고를 뒷받침하기 위해서였다. "그리스도의 십자가의 원수"들은 마지막에는 죽음을 당할 터인데, "그들은 배를 자기네의 하느님으로 삼고, 자기네의 수치를 영광으로 삼고, 땅의 것만을 생각"한다. '배'는 생존과 욕망을 은유한다. '자기네의 수치'는 사회적 명예를 향한 갈망을 뜻한다. 바울은 이런 것들을 묶어 '땅의 것'이라고 규정한다. 반면 바울은 자신과 그리스도의 십자가를 따르는 이들은 '땅'에 대비된 '하늘'에 시민권이 있다고 말한다. 하늘 시민권자들은 이 땅의 욕망과 명예를 따르지 않는다. 도리어 그리스도의 십자가의 길, 곧 땅에서 인간이 겪을 수 있는 최악의 수치와 죽음의 길을 하늘의 길로 알고 따른다. 이런 표현 배후에는 기독교인들의 궁극적 정체성과 소속감을 '땅'에 매어두지 않으려는 바울의 의지가 담겨 있다. 이후에 자세히 살펴겠지만, 이때 '땅'은 인간이 만들어낸, 그래서 삶의 고통을 가중시키는 게걸스런 욕망과 차별을 상징한다. '하늘'은 그러한 것들을 넘어선 보편과 지복의 상징이라 할 수 있다.

바울의 이름으로 되어 있지만 진짜로 바울이 썼는지 논란이 있는 글 가운데 에베소 지역 교인들에게 보낸 『에베소서』에서도 '시민권'이 등장한다.

> 그리스도는 우리의 평화이십니다. 그리스도께서는 유대 사람과 이방 사람이 양쪽으로 갈라져 있는 것을 하나로 만드신 분이십니다. 그분은 유대 사람과 이방 사람 사이를 가르는 담을 자기 몸으로 허무셔서, 원수 된 것을 없애시고, 여러 가지 조문으로 된 계명의 율법을 폐하셨습니다. 그분은 이 둘을 자기 안에서 하나의 새 사람으로 만들어서 평화를 이루시고, 원수 된 것을 십자가로 소멸하시고 이 둘을 한 몸으로 만드셔서, 하느님과 화해시키셨습니다. 그분은 오셔서 멀리 떨어져 있는 여러분에게 평화를 전하셨으며, 가까이 있는 사람들에게도 평화를 전하셨습니다. 이방 사람과 유대 사람 양쪽 모두, 그리스도를 통하여 한 성령 안에서 아버지께 나아가게 되었습니다. 그러므로 이제부터 여러분은 외국 사람이나 나그네가 아니요, 성도들과 함께 시민이며 하느님의 가족입니다.(『에베소서』 2:14-19)

바울은 다른 인종과 문화가 만든 '땅의 담'을 넘어서서 평화를 이룰 보편적 모임을 강조하기 위해 "성도들과 함께"하는 시민권을 말한다. 이 시민권, 곧 '하늘' 시민권은 위의 본문이 가르치는 대로 "하느님의 가족"을 의미하기도 한다.

1세기 고대 지중해 세계에서 '하느님의 가족'이라는 말이 가진 넘치는 함의를 오늘날 우리가 이해하기는 어렵다. 고대 계급 사회에서 '혈통'이나 '가족관계'는 신분과 지위를 부여하는 가장 중요한 원천이었다. 어떤 신분과 지위에는 그에 걸맞은 권력·권위가, 그 권력·권위에는 그에 걸맞은 명예와 영광이, 그리고 그 명예와 영광에는 그에 걸맞은 풍요가 자연스레 따라붙기 마련이다. '하느님의 가족'이란 1세기 사회에서 통치자 집안이라는 말과 다를 바 없었다. 실제로 로마 황제는 전임 황제의 사후 신격화Apotheosis를 통해 현 황제 자신을 '신의 아들'로 선언했다. 이를 통해 황제의 가계는 '신의 가족'을 이루게 된다. 그러나 바울은 완전히 다른 '신의 가족'을 말한다. 바울이 외치는 '하느님의 가족'은 사람들 사이의 분열과 갈등을 사라지게 하는 그리스도를 통하여 만들어진다. 그 가족은 수평의 평화뿐 아니라 수직의 평화, 곧 하느님과 인간 사이의 평화로 이루어진다. 바울은 하느님이 통치하는 나라의 시민으로 살고 싶어했다. 흔히 '하느님이 통치하는 나라'를 '하늘나라'라 부르는데, 이때 '하늘나라'는 물리적 창공 어딘가에 있는 나라가 아니다. '하늘나라' 혹은 '하느님 나라'는 "하느님이 다스린다"라는 문장의 명사형 어구다. 바울은 이 땅이 아니라 '하느님의 다스림을 받는 나라의 시민'으로 자신을 규정하고 살아가려 했다.

이 '하늘 시민권'에 대한 언급은 하늘 시민권자로서 땅에 산다는 디아스포라 의식을 엿보게 한다. 바울을 포함한 기독교인들은 스스로를 땅에 살고 있지만 원래의 신분은 '하늘'에 있는 시민, 다시 말해 하늘 시민으로서 땅에 사는 '디아스포라'로 생각했다. 하늘 시민이라는 정체성은 이 세상의 질서와는 완전히 다른 '하늘의 장단'에 맞춰 춤추는 걸 가능하게 했다. 그것은 이 세상의 질서와 길항하는 자유와 해방의 힘을 가져다준다. 또한 하늘 시민은 '땅'의 삶이 이리저리 그어놓은 구획을 넘어서게 했다. 모든 인간이 밤하늘의 같은 달을 바라보듯 그것은 보편의 삶을 촉진했다. 바울은 땅을 낯설어하는 땅 위의 나그네, 곧 디아스포라 하늘 시민권자였다.

아무것도
아닌 것들의 기쁨

2장

바울의 복음

'복음'에 해당하는 헬라어는 '유앙겔리온^{εὐαγγέλιον}'이다. 이는 εὐ(좋
은)과 αγγέλιον(소식)의 합성어로, 문자적으로 '좋은 소식'이
라는 뜻이다. 바울이 전하려는 '좋은 소식'은 무엇일까? 왜, 어떻
게, 누구에게 좋은 소식일까? 언제, 어디서 좋은 소식일까? 무엇
이 '좋은' 것일까?

시공간 속에 사는 우리는 시공간의 제약도 받지만, 시공간이
있으니 살아간다. 바울의 복음을 보편적이라 주장하고 싶은 많
은 그리스도인이 있겠지만, 바울의 편지는 역사 속에서 구체적
대상을 향해 남긴 글이다. 바울이 살던 시공간은 바울이 전한 메
시지를 한정하지만, 동시에 그 시공간이야말로 바울의 메시지
를 의미 있게 하는 맥락이다. 그러니 바울이 전한 복음을 이해하
기 위해서 우리가 유념해야 할 사항은 디아스포라 유대인 바울

이 사도로서 '유앙겔리온'이라는 헬라어를 1세기 지중해 세계에서 사용했음을 기억하는 것이다. 따라서 '유앙겔리온'이 여러 헬라 문헌에서 어떤 용례로 쓰이는지를 우선 추적하고, 이 단어가 1세기 유대인의 맥락에서 어떻게 사용되었는지를 살펴볼 필요가 있다. 그런 연후에야 바울의 편지에 등장하는 '복음'의 의미를 그것이 쓰인 문맥과 상황 속에서 파악할 수 있다.

아무것도
아닌 것들의 기쁨

1. '좋은 소식들'

유대 전승

'유앙겔리온(복음)'은 본래 '(승리했다는) 좋은 소식'이나 '좋은 소식을 전한 대가로 얻는 보상'을 뜻했다. 바울이 이 단어를 썼을 때, 그리고 1세기 지중해 세계의 유대인이나 비유대인이 이 말을 들었을 때, 당연히 이 말은 특정한 맥락에서 이해될 수밖에 없었다. 먼저 바울과 동시대의 많은 유대인에게 '복음'은 구약성서의 여러 구절을 떠올리게 했을 것이다. 그중에서도 이사야 선지자가 전한 말이 잘 알려져 있었다.

놀랍고도 반가워라. 좋은 소식을 전하려고 산을 넘어 달려오는 저 발이여! 평화가 왔다고 외치며, 좋은 소식을 전하는구나. 구원이 이르

렀다고 선포하면서, 시온을 보고 이르기를 "너의 하느님께서 통치하
신다" 하는구나.(『이사야서』 52:7)

『이사야서』의 역사적 배경은 유다 왕국이 바빌로니아 제국에
멸망당하던 기원전 587/6년 즈음이다. 이사야는 조국이 멸망하
여 타국의 노예나 포로로 전락한 동료 유대인들에게 예언을 통
해 '좋은 소식'을 전한다. 그 복음은 전쟁이 그칠 것이라는 평화
의 소식이고, 자신들을 위협하던 이방 제국으로부터 구원될 것
이라는 소식이다. 이사야는 평화와 구원의 소식, 포로와 노예 생
활에서의 해방을 야훼 통치의 결과로 선언한다. 야훼의 통치가
곧 복음이다. 절망스러운 상황에서 복음은 예언으로 선포되었
다. 당시 바빌로니아 제국의 강고함을 감안할 때 전혀 이루어지
지 않을 것 같은 이사야의 예언은 놀랍게도 70년 후에 이루어졌
다. 페르시아가 바빌로니아를 정복한 뒤 유대인들의 귀향을 허
락했던 것이다.

　1세기 유대인들에게 이사야의 예언은 단지 몇 백 년 전의 사
건이 아니라 현재에도 일어나야 하는 '예언'이었다. 로마 제국의
지배 아래 있던 1세기 유대인들은 바빌로니아 제국에 의해 시작
된 식민지 생활이 그때까지 계속되고 있다고 생각했다. 페르시
아의 키루스 2세('새번역' 성서에는 '고레스 왕')가 유대인들의
귀향을 허락하여 일부가 예루살렘으로 돌아왔지만, 그들은 성전
을 중심으로 한정된 자치권을 얻었을 뿐이다. 페르시아 제국 이
후로는 알렉산드로스의 헬라 제국에 지배당했고, 헬라 제국에게
서 벗어나 잠시 독립을 누렸으나 곧 로마 제국에 편입되었다.

유대인들은 하느님이 이집트에서 히브리인들을 구원했듯, 또 바빌로니아에서 유대인들을 구원했듯, 로마 제국의 통치 역시 끝내주길 기다렸다. 하느님의 통치를 간절히 기다리던 1세기 유대인들에게 선지자 이사야의 예언은 반드시 이루어져야 할 예언이었다.

1세기의 적지 않은 유대인들은 이사야 선지자를 통해 로마 제국으로부터 해방되어 야훼의 통치를 받는 꿈을 꾸었고 그 복음을 간절히 기다렸다. 그러나 모든 유대인이 그 꿈을 열렬히 소망하지는 않았다. 단적으로 로마와의 친분을 통해 팔레스타인 땅을 대리 통치하던 헤롯 가문 사람들이 그런 소망을 가졌을 리 없다. 그들에게는 그때가 야훼의 통치와 다를 바 없는 은혜로운 때였다. 하느님이 다스린다고 해서 그들에게 더 좋을 게 무엇이겠는가. 그러니 '좋은 소식'은 이방 제국과 거기에 부역하는 지역 통치자들로 인해 고통받는 이들에게만 유효했다. '좋은 소식'은 누구에게는 말 그대로 기쁘겠지만, 어떤 이들에게는 심판의 소식 혹은 불량한 유언비어나 선동의 나쁜 소식이 된다. 이사야 선지자의 '좋은 소식'은 종교적인 동시에 정치적인 함의를 지녔다.

로마인의 복음

이방인을 위한 사도로 부름을 받아 팔레스타인 밖에서 선교하던 바울의 비유대인 청중에게 '유앙겔리온'은 유대인들과는 다른 맥락에서 이해된다. 기본적으로 복음은 그저 사적인 기쁜 소식이 아니라 이사야 선지자의 예언처럼 정치적이고 종교적인 뜻을 갖는다. '유앙겔리온'이란 표현이 등장하는 유명한 글은 '프리에네 비문'(혹은 '프리에네의 달력 비문')[35]이다.

> 모든 만물에 질서를 부여하고 우리의 삶에 깊은 관심을 가진 섭리의 여신께서 우리에게 아우구스투스를 주셔서 가장 완벽한 질서를 만드셨다. 섭리의 여신께서는 덕^{virtue}으로 그를 가득 채우셨는데, 이는 그가 인류에게 유익을 끼치게 하기 위해서였다. 우리의 후손 모두를 위해 구세주로 그를 보내셔서, 그가 전쟁을 끝내고 만물을 질서정연하게 하도록 했다. 카이사르, (우리의 기대를 훨씬 넘어서는) 그가 나타나 이전에 자선을 베풀던 모든 이들을 능가했고, 우리의 후손 세대는 그가 달성한 일들을 능가할 수 있다는 기대도 하지 못한다. 신神인 아우구스투스의 생일은 세상을 위한 '좋은 소식^{εὐαγγέλιον}'의 시작이다.

황제의 생일이 복음의 시작이라면, 그의 등극과 통치 역시 복음이다. 그는 세상을 구원하는 '구세주'로 현세대뿐 아니라 미래 세대 모두를 구원한다. 지중해 세계를 어지럽히던 전쟁을 끝냈고, 만물에 맞도록 질서를 부여했다. 그는 세상의 '주님'으로, 혼돈을 가져오는 '죄'를 대속하고 구원과 자유와 평화와 번영을 가져오는 찬양받을 존재다.[36] 호라티우스나 베르길리우스를 비롯한 로마 제국 선전宣傳 작가들이 세운 이념적 토대 위에, 그리고 오늘날 터키를 비롯한 지중해 동쪽 지역에 이미 발달해 있던 '통치자 제의'라는 형식을 빌려 로마 황제 제의는 지중해 세계 곳곳

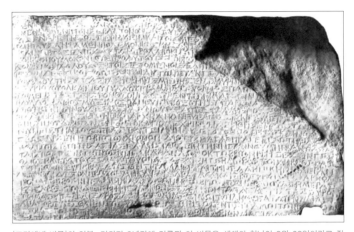

'프리에네 비문'의 일부. 기원전 9년경에 기록된 이 비문은 새해의 첫날이 9월 23일이라고 적혀 있어 '달력 비문'으로 불린다. 그날이 왜 새로운 한 해의 시작일까? 그날은 바로 로마 초대 황제 아우구스투스(옥타비아누스)의 생일로, 그가 새로운 세상의 질서와 평화를 가능케 한 새로운 통치를 시행했기 때문이다. 비문은 아시아(프리에네는 지금의 터키 지역에 속한다)에 사는 헬라인들에게 '좋은 소식'을 전하고자 기록되었다.

으로 급속히 퍼져나갔다.

황제 제의와 황제 찬양은 신실한 유대인들에게 다음과 같은 의문을 품게 만든다. "야훼의 통치가 아니라 아우구스투스의 통치가 '복음'이라고?" 이것은 누구에게 좋은 소식일까? 로마의 지배 아래 허덕이는 '아무것도 아닌 것들'에게 이것이 희소식일까? 로마 제국은 모든 피지배민에게 제국 전역에 평화가 도래했다는 복음을 선전했다. 그래서 로마의 지배자는 자신의 통치를 '로마의 평화(팍스 로마나$^{Pax\ Romana}$)'라고 불렀다. 그러나 로마에 패배당한 한 부족의 지도자는 이렇게 평한다. "그들은 무덤을 만들어놓고 그것을 평화라 부른다." 무덤만큼 조용한 곳이 없지만, 공동묘지의 고요함을 평화라 부르는 사람은 없다.

"모든 사람에게 좋은 소식"이라고 주장하며 서로 경쟁하던

'좋은 소식'이 단지 유대인의 복음과 로마인의 복음 두 가지만 있는 것은 아니었다. 여러 곳에서 여러 '좋은 소식'이 경쟁하며 서로 자신이 진실이라고 내세웠다. 유대인 바울의 '복음'은 유대인 및 로마인의 복음과 부분적으로 공통되고 부분적으로 경쟁했다.

바울의 복음

바울이 '복음'이라는 말을 쓸 때 이 말은 유대적 맥락에서 기원하되, 로마 제국의 통치 선전에 맞선다는 의미가 담겼다. 바울에게도 복음은 야훼 하느님의 통치를 가리킨다. 바울은 로마 황제나 로마의 통치가 지중해 세계 전반에 '복음'이 될 수 없다고 생각했다. 그에게는 로마의 통치가 아니라 야훼 하느님의 통치가 '복음'이었다. 야훼의 통치에서 비롯되는 질서, 평화, 승리를 그는 염원했다. 이를 위해서는 이스라엘이 회복되어야 했다. 바리새 운동에서 벗어나 예수 운동으로 전향했지만, 바울에게 이 기본적 신앙만큼은 변하지 않았다. 야훼 하느님의 통치, 그것도 단지 이스라엘에 국한된 통치가 아니라 자신이 알고 있는 세계 전반에 대한 야훼의 승리 소식이 복음이다. 그러나 야훼의 승리 소식에 관하여 사도 바울과 다른 다수의 유대인을 나누는 결정적인 경계선이 생겼다. 바로 예수다.

예수가 십자가형을 받은 해는 기원후 30년 즈음이었을 가능성이 높다. 그후로 백여 년 동안 예수 운동은 로마 제국 내에서 큰 주목을 받지 못했다. 신약성서의 주인공은 예수이지만, 신약성서 밖에서 예수가 특별히 중요한 인물로 제시된 글을 동시대 작가들에게서 찾기는 어렵다. 가필된 흔적이 있는 유대인 역사가 요세푸스(『유대고대사』)의 기록, 로마의 역사가 타키투스(『연대기』)와 수에토니우스(『황제의 생애』)의 기록, 한 랍비 문헌(b. Sanh 43a), 마라 바 사라피온의 편지 등에 스쳐가듯 '예수'라는 이름이나 '그리스도'라는 직책명, 혹은 "현명한 유대인의 왕" 식의 에두른 표현 정도가 나올 뿐이다. 예수가 실제로 존재했음은 분명하지만, 그의 사후 백 년이 흐르는 동안 제국에 큰 영향을 끼치지는 못했다. 바울 때의 사정은 말할 것도 없다. 예수는 완전히 무명이었다. 그는 제국의 저 변방에서 태어나 공직에 오른 적도 없고, 무언가 제국의 시선을 끌 만한 일을 한 적도 없다. 그런데 바울의 복음은 예수를 통해 하느님이 승리했다는 소식을 담고 있다. 그의 이야기를 간단히 정리해보면 다음과 같다.

— 이스라엘의 야훼 하느님은 오래전 이사야 선지자 등을 통해 자신이 한 약속, 곧 이스라엘의 회복을 중심으로 하는 하느님의 통치 약속을 지키는 신실한 하느님이다. 그는 악의 지배 아래 고통받는 이들을 그냥 내버려두지 않고 역사에 개입하려 한다.

— 드디어 때가 되자, 하느님께서는 자기 아들 예수를 보낸다. 모세를 통해 히브리인들을 불러 자기의 언약 백성 '이스라엘'로 만들었듯, 야훼는 예수를 통해 전 인류를 상대로 새로운 언약 백성을 창조하려 한다. 이것은 출애굽이 그러했듯 사

람들이 흔히 생각하지 못하는 방식으로 이루어질 터인데, 예수가 십자가형을 받아 죽은 것과 다시 살아난 것이 바로 하느님의 방식이다. 그 과정에서 하느님은 예수를 통해 인간을 향한 그의 사랑과 인간이 하느님에게 행할 모범을 드러냈다. 하느님과 예수가 함께 이룬 그 일을 정의와 사랑이라 믿고 받아들이는 사람들은 예수를 통해 창조될 '언약 백성'이 된다. 하느님은 그들에게 자신의 영인 성령을 선물로 주어 하느님의 백성으로 능력과 덕을 갖추도록 한다.

— 죽임을 당하고 살아난 예수는 세상에 평화와 정의와 사랑을 가져다줄 '주님'이 되고, 인류는 야훼와 그의 아들 예수의 통치를 받아들이든지 아니면 거부하든지 해야 한다. 예수를 통해 은혜와 심판의 때가 이미 시작되었기 때문이다. 얼마 후에는 예수가 다시 오는, 곧 구원과 심판의 날이 도래한다.

— 그때까지 예수가 새롭게 창조한 세계의 질서에 참여하는 이들은 하느님의 거룩한 영의 힘에 의지해 살면서 교회로 모이고, 이를 통해 앞으로 나타날 구원을 미리 앞당겨 사는 기쁨을 맛보게 된다. 하느님과 인간은 서로 화해한 상태에서 평화를 누리고, 인간들 사이에서도 인종과 성별과 계급 등을 떠난 평등과 평화의 기쁨 공동체를 누린다. 성령의 힘을 받은 이들은 적대적인 악의 세력으로부터 자유를 얻었기 때문에 더이상 죄와 악에 굴복하지 않을 능력이 생긴다. 새로워진 질서 속에서 마침내 사람은 점점 더 거룩해지고, 하느님의 영광, 곧 하느님의 형상대로 창조된 인간은 그리스도의 영광에까지 이른다. 그리스도의 날이 오기 전에 인간의 육체적 생명이

다할 수도 있지만, 그들은 변화된 몸의 부활을 맛볼 것이다.

이상이 바울이 제시하는 우주의 드라마다. 이 드라마에 진지하게 참여하는 이들은 이른바 그리스도인이 된다. 반대로 이를, 세계를 설명하지도 변화시키지도 못하는 의견으로 치부하거나 잘못된 생각으로 판정하는 사람들은 그리스도인이 되지 않는다. 어떤 선택을 하건 간에 당시 사람들에게 바울이 소개한 야훼의 세상 구원 방식, 곧 그의 아들을 지상에 보내고, 십자가형을 받아 죽음에 이르게 한 것은 매우 독특한 방식이라 하지 않을 수 없다. 바울 역시 복음을 그리스도의 십자가형과 부활에 초점을 맞추어 설명하는데, 도대체 예수가 십자가형에 처해진 것이 왜 복음이며, 그것은 어떻게 구원을 가져오는가? 나아가 왜 구원받아야 하는가? 바울은 인간의 보편적 고통과 한계를 말하면서 이스라엘의 회복에 초점을 둔 유대 전승과 황제의 통치를 선전하는 로마의 이데올로기 너머로 그의 복음의 의미를 확장한다.

2. 인간 삶의 고통과 한계

아무것도
아닌 것들의 기쁨

보편적 인간 고통과 로마 제국

좋은 소식이란 그런 소식을 기다리는 상황을 전제한다. 빈 공간,
텅 빈 맥락에서 기쁘거나 좋을 일은 없다. 복음이 구원을 가져다
준다면, 구원이 필요한 고통과 질곡이 있다는 말이다. 예수와 바
울이 살던 1세기 지중해 세계는 구원이 필요했을까?

　1세기가 시작되기 전 로마인들은 '구원'을 간절히 원했다. 제
국은 성장했지만 카이사르의 후계자 옥타비아누스와 안토니우
스는 격렬한 내전을 벌였고, 그 '죄'로 인해 빚어진 참혹한 상태
에서 벗어나게 해줄 구원자가 필요했다. 옥타비아누스는 승리자
가 되어, 그 모든 '죄'로부터 사람들을 '구원'했다. 이것이 로마
제국 이데올로그들의 기본적 선전 주제였다. 옥타비아누스의 통

치는 예전 '황금시대'의 재현이었다.

그러나 로마의 통치를 받는 이들은 '로마의 평화(팍스 로마나)'를 복음으로 받아들일 수 없었다. 피지배층의 삶은 피폐했기 때문이다. 로마 제국의 영토 안에 사는 다수의 사람들은 그때를 진정으로 '평화'의 시대라 느낄 수 없었다. 제국의 경계에서는 계속해서 전쟁이 일어났고, 이미 제국의 일부로 편입된 곳에서도 로마에 저항하는 봉기가 끊이질 않았다. '평화'는커녕 전쟁과 반란이 일상이었다.

로마가 제국을 운영하던 방식인 '후원자 체제'는 식민 지배를 받는 사람들의 삶을 더 어렵게 했다. '후원자 체제'는 1세기 지중해 세계를 이해하는 데 매우 중요한 대리 통치 방식이다. 로마는 한 지역을 정복하고 나면 그 지역의 지도자 후보 그룹들에게 서로 충성 경쟁을 시켜 대리 통치자를 뽑았다. 이때 로마는 그 대리 통치자에게 권력을 주는 후원자가 되고, 권력을 얻게 된 수혜자는 로마 제국에 존경과 감사를 표하게 된다. 수혜자가 감사를 표현하는 방식은 크게 두 가지다. 하나는 세금의 대리 징수이고, 다른 하나는 군사적 지원이다. 지역 통치자는 로마를 위해 세금을 거두면서 자신의 몫도 챙겼기에 납세자들은 이중의 부담을 져야 했고, 로마가 치르는 전쟁 때는 물적, 인적 자원을 동원해주어야 했다.

묵시문학적 종말론의 영향을 받은 대다수 유대인에게 지배자인 로마 제국은 초자연적 악의 세력이 현실에서 내세운 대리자였다.[37] 유대인들의 묵시문학적 사유는 현실적 악의 배후에 초자연적 악의 세력, 곧 사탄(악마/귀신)이 있고, 반대로 현실적 선의 배후에는 초자연적 선의 세력인 진리와 평화와 사랑의 하느님 야훼가 있다고 여겼다. 야훼가 사탄보다 강하기에 선은 반드시 승리한다는 것이 묵시문학적 종말론의 믿음이었다.

물론 로마에 부역하며 권력과 부를 누리던 이들에게 로마의 통치는 평화와 안정의 시대였다. 같은 유대 땅에 사는 유대인일지라도 그들이 처한 처지에 따라 누군가에게는 암흑의 시대였고, 누군가에게는 살 만한 때였다. 위기는 늘 '아무것도 아닌 것들'에게나 찾아오는 것이지, 잘난 이들에게 위기가 생기는 때는 별로 없다. 또 위기가 닥치면 '우리 모두'가 '희생'을 각오해야 한다는 결의를 다지지만, 전체를 위해 안타깝지만 희생되어야 하는 이들은 언제나 '아무것도 아닌 것들'이었다. 여하튼 1세기의 경우 유대인들은 소수를 제외하고는 자신들이 암울한 시대에 산다고 생각했다.

1세기 지중해 세계를 살던 절대 다수의 사람들에게는 현실의 고통에서 벗어나게 해줄 구원이 필요했다. 구원을 갈망하는 점에서는 유대인이나 비유대인이나 다 마찬가지였다. 이는 동양의 종교인 불교의 가르침과도 상통하는 바가 있다. 기본적으로 불교에서는 인간으로 태어나서 살다가 죽는 과정 자체가 고苦에서 멀지 않다고 가르친다. 불교는 인간이 겪는 고통의 모습을 팔고八苦로 분류한다. 태어나서 늙고 병들고 죽는 고통(생로병사生老病死)에, 사랑하는 사람과 이별할 수밖에 없는 고통(애별리고愛別離苦), 원한을 품은 원수와 만날 수밖에 없는 고통(원증회고怨憎會苦), 원하는 것을 얻지 못하는 고통(구부득고求不得苦), '나'를 포함하여 이 세상에서 이루어지는 모든 것에 집착을 끊지 못하여 생기는 고통(오온성고伍蘊盛苦) 등은 동서고금을 막론하고 보편적인 것이다. 그런데 이런 보편적 고통이 폭압적 착취와 억압의 구조 아래 놓이면 실존의 고통은 더욱 가중된다. 다시 말해 1세기 지중해 세계의 대다수 사람은 인간이 겪는 보편적 고통을 가중시키는 폭압적인 로마 지배 체제에 허덕이고 있었다.

죄와 죄인에 대한 바울의 이해

성서 역시 인간이 구원받아야 할 처지에 놓여 있다고 진단한다. 성서에 나오는 '질병', '포로/노예 상태', '죄', '연약함', '상실' 등은 인간이 처한 곤경을 설명하는 어휘들이다. 반면 '치유', '해방', '용서', '강함', '회복' 등의 용어는 곤경에서의 '구원'을 가르친다. 기독교인으로 자처하는 이들마저 흔히 오해하는 대로, 성서에서 말하는 인간이 처한 곤경과 그로부터의 구원은 개인이 하느님과 타인에게 짓는 윤리적이고 종교적인 '죄'와 그로부터 용서를 받는 데에 한정되지 않는다. 그것은 개인의 실존적 차원뿐 아니라 사회, 정치, 경제, 나아가 종교의 차원 모두를 아우른다. 인간이 처한 고통과 어려움을 묘사하기 위해 바울이 사용한 표현인 '죄'도 마찬가지다. 바울이 '죄'를 말할 때 그것은 개인이 저지른 잘못된 행동을 포함하지만, 그것을 넘어서 세력화된 죄, 제도화된 죄, 죄의 체제, 구조악, '근본 모순' 및 그것들이 가져오는 비극적 결과를 가리키는 경우가 훨씬 많다. 바울은 종종 죄를 인격화하는데, 그것은 죄를 하나의 세력으로 표현하기 위해서였

다. 바울은 인간이 '죄 아래'에 있고, 그 때문에 고통당하고 있다
고 말한다.

> 그러면 무엇을 말해야 하겠습니까? 우리 유대 사람이 이방 사람보다
> 낫습니까? 전혀 그렇지 않습니다. 유대 사람이나 그리스 사람이나,
> 다 같이 죄 아래에 있음을 우리가 이미 지적하였습니다.(『로마서』
> 3:9)

"유대 사람이나 그리스 사람이나"는 바울이 문명화된 인류 전
체를 가리키는 관용적 표현이다. 죄는 (인간의 구체적 행위라기
보다는) 하나의 강력한 세력으로 인간을 내리누른다. 인간은 누
구나 '육肉'을 지니고 있지만, 이 '육' 때문에 기본적 욕구와 욕
망을 만족시키려 애쓰다가 마침내 죽고 부패한다. 죄는 바로 인
간의 연약한 육을 틈타 인간을 지배한다. 죄는 인간의 욕구와
욕망, 그리고 죽음에 대한 공포를 이용하여 인간을 자기 탐닉에
빠지게 하고, 그릇된 해결책을 찾아 거짓 신을 경배하도록 오도
한다.

『로마서』 1장 18절부터 3장 20절까지 바울은 인류가 처한 곤
경을 길게 서술하며, 죄에 지배당하는 인간이 저지르는 악을 날
카롭게 고발한다. 육의 연약함 때문에 죄에 지배당하는 사람의
생각은 허무에서 벗어나지 못하며, 마음은 분별력을 잃고 어두
워진다. 지혜가 있다고 자처하는 그런 자들의 어리석음은 삶의
곳곳에 나타난다. 바울은 어리석은 인간이 참된 가치인 '하느님
의 영광'을 사람의 형상 또는 부패하고 말 동물의 형상과 맞바꾼

다고 비판한다. "하느님이 아닌 것들에게 종노릇"(『갈라디아서』 4:8)하게 되자 진리를 거짓으로, 바른 관계를 왜곡된 관계로, 명예를 수치와 맞바꾼다. 하느님은 더러운 욕정에 불타는 인간의 타락한 마음을 그대로 놓아두었다. 그 결과 인간은 서로에게 죄를 짓고, 나아가 하느님에게도 경건한 태도를 잃어버린다. 공정한 법도를 알면서도 자기들만 죄와 악을 저지르는 게 아니라 남들의 악행도 옹호한다.

이 죄의 세력에서 벗어나고자 비판자와 심판자로 자처하는 이들이 나서지만, 그들은 자신들이 비판하는 그 일을 그대로 반복한다. 유대인들은 하느님이 주신 율법을 어겼고, 비유대인들은 하느님이 그들의 마음에 심어놓은 법, 곧 양심을 어겼다. 하느님의 뜻이 드러나 있는 율법을 지키는 대신 그것으로 다른 사람들을 정죄하려 했고, 이를 통해 자신의 죄도 드러나게 되었다. 바울은 구약성서를 인용하며 인간의 현 상황과 그로 인해 받아야할 진노의 심판을 이렇게 요약한다.

> 성경에 이렇게 기록되어 있습니다. "의인은 없다. 한 사람도 없다. 깨닫는 사람도 없고, 하느님을 찾는 사람도 없다. 모두가 곁길로 빠져서, 쓸모가 없게 되었다. 선한 일을 하는 사람은 없다. 한 사람도 없다." "그들의 목구멍은 열린 무덤이다. 혀는 사람을 속인다." "입술에는 독사의 독이 있다." "입에는 저주와 독설이 가득 찼다." "발은 피를 흘리는 일에 빠르며, 그들이 가는 길에는 파멸과 비참함이 있다. 그들은 평화의 길을 알지 못한다." "그들의 눈에는 하느님을 두려워하는 빛이 없다."(『로마서』 3:10-18)

죄는 인간으로 하여금 참된 하느님에 대한 경건을 잃게 했고 자기 탐닉으로 인한 폭력을 낳았다. 죄 아래 갇힌 인간은 자기와 타자를 모두 파괴하며 결국에는 죽음을 맞이하게 되었고, 죄의 세력은 사회와 역사를 지배한다. 로마 제국을 비롯한 통치자들은 구원자로 자처하지만 제국이나 황제 역시 죄의 세력에 사로잡혀 있다. 바울은 죄를 인격화하여 표현하는데, 그에 따르면 제국의 통치자들은 죄가 부리는 '하늘의 권세 잡은 자들', 곧 더러운 영의 하수인에 불과하다.

고린도, 인간의 고통과 한계의 사례

인간 삶의 고통과 한계에 대한 바울의 설명은 그의 철학적 사색에서 곧바로 비롯된 것이 아니다. 그의 인간학, 그리고 인간을 넘어선 우주에 대한 이해는 구체적인 삶의 경험에서 도출되었다. 고린도에 보낸 편지들(『고린도전서』와 『고린도후서』)은 1세기 지중해 세계에서 유명했던 도시 고린도^{Corinth} 사람들의 삶을 엿보게 하는데, 그것은 바울이 진단한 인간의 고통과 한계를 설명하는 데 좋은 사례가 된다. 다시 말해 지금도 그 이름으로 어엿하게 역사를 이어나가는 그리스의 도시 고린도에서 발현한 인간의 특수한 상황에 담긴 보편적 주제를 파악하면 바울이 묘사한 사람살이의 고단함과 한계의 진면목이 고스란히 드러난다.

고린도는 펠로폰네소스 반도 동북쪽에 자리잡고 있으며, 현재도 도시로서 기능하고 있는 고도古都다. 이곳은 경제적으로 아주 중요한 요충지에 자리해 있다. 위쪽 아가야(아카이아)와 아래쪽 펠로폰네소스를 연결하고, 동쪽의 이오니아 바다와 서쪽의 아가야 바다를 연결한다. 고린도는 바다와 바로 면해 있는 해안도시는 아니지만, 동쪽의 겐그리아(켄크레아)와 서쪽의 레카이움이라는 두 항구도시 사이에 놓여 있어, 마치 두 항구도시를 양쪽에 끼고 있는 듯한 형세를 지닌다. 그리스 동쪽과 서쪽을 오가는 배들은 위험한 파도와 해적이 있는 먼 길을 택하기보다는 겐그리아나 레카이움에 도착해서, 디올코스를 따라 반대편 항구도시로 배를 이동시켰다. 디올코스는 배를 옮기기 위해 만든 포장길이었다. 이곳에는 19세기에 이르러서야 비로소 운하가 만들어졌다.

배들이 오고 가면 고린도는 디올코스 이용료 등을 비롯한 경제적 혜택을 입었다. 사람들의 이동도 잦아지면서 고린도는 경제도시로 성장했다. 주요한 두 항구도시를 부속 도시처럼 거느린 고린도의 부유함은 오래전부터 유명했고, 부를 축적한 사람들은 마음껏 쾌락을 추구했다. 한동안 유럽에서 '고린도'라는 말은 늘 성적 쾌락 및 유흥과 결부되었다. 가령 "고린도 사람 같다"라고 하면 성적으로 방탕하다는 의미였다.[38] 온갖 인종의 많은 사람이 모이던 고린도에서는 당연히 상업이 발달했다. 나와 다른 '남'과 살아가려니 '내 것', 내 권리와 자유를 지키는 것이 큰 관심사였다. 다른 이들을 위한 양보나 공공을 위한 희생은 미덕이 되기 힘들었다. 도리어 내 것을 지키는 방법이 고안되고 발달했다. 그중 하나가 법정이나 상업에서 남을 설득하는 데 필요한 '수사학'이다.

수사학은 흔히 문학에서 쓰이는 것으로 오해하기 쉽지만, 고대 지중해 세계에서는 오히려 법정과 상업 등에서 주로 사용되었다. 수사학은 한마디로 이해관계를 떠나 진리를 추구하는 학문이 아니라 다른 사람을 설득하는 기술이다. 진리가 있는 것이 아니라 '진리라고 할 만한 것'을 통해 나의 이득을 얻는 데 목표를 둔다. 당시에는 진리에 대한 상대주의가 횡행했으며, 그 상대주의는 나의 이득과 편의를 위한 것이었다. 진리의 획득이 아니라 자신의 이윤을 극대화하는 수사학은 그 시대의 '지혜'였다. 이윤 창출과 지배를 위한 지혜와 지식, 그것이 헬라 세계에 만연했던 지적 풍조였고 고린도는 그 정점에 있었다.

한편, 고린도는 올림픽과 같은 대규모 운동경기로도 유명했다. 2년마다 열리던 이스트무스 축제가 그것이다. 이 축제는 많은 사람을 끌어모아 더욱 많은 부를 창출했다.[39] 운동경기는 기본적으로 '경쟁'을 바탕으로 한다. 경쟁은 다른 이들을 제압하고 나서야 '나'의 이득을 보장하는 것이다. 경쟁과 그로부터 얻은 승리의 결과는 남과 나눌 수 없는 것이었고, 그럴 필요도 없었다. 경쟁해서 이긴 것이 아닌가. 경쟁 문화와 승자 독식의 사회가 단단해지면 사람들은 각자도생各自圖生으로는 자신의 삶을 보장받기 어렵다는 것을 깨닫는다. 이때 같은 이득을 공유할 만한 사람들과 집단을 형성하기 마련이다.

이런 이익 집단은 이른바 유력한 후원자를 중심으로 형성된다. 경제적, 정치적 자원을 가지고 있는 후원자는 자신의 손발이 되어줄 수혜 희망자들을 필요로 하고, 수혜 희망자들은 후원자에게 충성을 바치면서 자신들의 이익을 도모했다. 이러한 패당과 경쟁의 문화는 결코 겸손이나 겸양을 미덕으로 하지 않는다. 도리어 성공을 향한 갈망이 어디서나 쉽게 용인되었고, 남보다 자신의 잘남을 자연스럽게 드러내야 했다.

성공과 승리에 대한 열망은 강력한 승리자와 성공한 사람 앞에 굴복하는 비굴함으로 이어진다. 특히 바울 시대 고린도의 역사를 감안하면 그들이 승리자 앞에서 취하는 굴복이 어렵지 않게 이해된다. 당시 고린도는 로마 제국의 식민지였다. 고린도는 과거 용감하게 로마에 대항하기도 했으나 기원전 146년 로마 군대에 의해 완전히 멸망했다. 그 뒤 기원전 44년경 율리우스 카이사르가 로마의 식민지로서 이 도시를 새롭게 재건했다. 고린도인들은 강한 자에 대한 반항은 죽음과 패망과 가난을 가져올 뿐이고, 반대로 강한 자에게 굴복함으로써 번영과 풍요를 누릴 수 있다는 점을 몸소 체험했다. 그러니 어떻게 감히 이긴 사람을 거스르겠는가? 한 번 손에 쥔 달콤한 삶을 어떻게 포기하겠는가?

생존과 번영을 위해 강자에게 굴복하고 강자를 후원자 삼아 세를 모으며, 수사학 등 이득을 얻어내는 지혜를 갖추고, 한껏 쾌락(좋은 것이든 나쁜 것이든)을 추구하는 것이 도시 고린도의 일반적인 모습이었고, 이는 1세기 그레코-로만 세계의 삶을 상징적으로 예시했다. "고린도 사람 같다"라는 표현이 부정적 의미로 회자되었지만, 실상 그것은 그레코-로만 세계 사람들의 전형적인 모습에 다름 아니었다.

고린도에서 '아무것도 아닌 것들'은 조롱받았다. 가난은 무지와 어리석음의 결과이고, 약함은 지혜롭게 패당을 만들지도 적절한 후원자를 찾지도 못한 탓이었다. 제한된 자원을 얻기 위한 경쟁은 매우 자연스러운 일이었고, 이스트무스 경기의 승자가 영예를 누리듯 사회에서 성공한 자는 당연히 부와 명예와 권력을 동시에 누렸다. 자신의 권리와 자유를 온전히 챙기지 못하는 사람은 바보일 뿐이다. 그렇다고 고린도가 부자들로만 가득찼던 것은 아니다. 빈부격차가 극심했고, 조금이라도 성공을 거둔 이라면 더 높은 성공의 사다리를 오르고 있다는 착각에 빠져 있거나, 그 사다리에 올라야 한다는 열망에 사로잡혔다.

인간을 물질적이고 말초적인 욕망에서 초월하도록 돕는 종교와 철학은 고린도에서 어떤 역할을 담당했을까? 전통 올림포스 종교 등은 고린도의 속물적 문화를 더욱 강화했고, 다른 철학과 종교는 대체로 무력했다고 진단하는 편이 적절하다.

고고학자들은 고린도에서 아프로디테, 아폴론, 아스클레피오스, 아테나, 데메테르 등의 여러 신상과 신전을 발굴했다. 이렇게 다양한 신들의 제의에 참석한 사람들은 자기 자신과 자신이 속한 도시나 단체의 번영과 안녕을 빌었다. 그들은 신들이 기뻐할 만한 제물을 내놓고, 신들이 자신들을 호의로 대해주기를 간청했다. 제의에 참여하는 가장 큰 이유는 신들을 '달래기' 위해서였다. 올림포스 신들을 향한 제의는 인간의 윤리를 요구하지 않았다. 이는 유대인들의 종교와는 사뭇 다른 것이었다. 유대인들의 신 야훼는 자신의 제의에 참여하는 이들에게 엄격한 윤리적 태도를 요구한다. 1세기 비유대인이 볼 때 야훼 종교의 윤리적 엄격함은 독특했고, 비유대인 중 일부는 이런 측면에 이끌려 유대인들의 종교 모임, 곧 유대인들의 회당 예배에 참여하기도 했다.

올림포스의 여러 신들은 저마다의 영역에서 안전과 번영을 얻고자 하는 이들에게 무엇인가를 요청한다. 아프로디테 신은 사랑과 성의 신이자 항해하는 선원들을 보호해주는 여신이어서 사랑과 항해의 안전을 원하는 이들은 아프로디테를 알현해야 했다. 아폴론은 피난처를 제공해주는 신이자 음악과 젊음의 신이었다. 인생을 즐기고, 어려울 때 도피처를 찾고자 하는 이들은 평소 아폴론에게 잘 보여야 했다. 아스클레피오스는 치료의 신이다. 세계보건기구WHO 로고이자 구급차에도 그려져 있는 뱀이 감은 지팡이 형상은 이 신의 상징이다. 아스클레피오스를 모시는 신전이 고린도에도 있었고 병자들은 그곳에서 자신의 신심을 보여야 했다. 데메테르는 사후 세계에서 행복을 주는 신으로 알려졌으니, 육신의 죽음 이후를 보장받으려면 이 신에 대한 제의도 올려야 했다. 이런 종교와 신앙은 실상 인간들의 이익을 극대화해줄 초월적 힘에 대한 갈망이었다. 신들을 향한 욕망의 실상은 신을 잘 달래서 신의 힘을 통해 번영과 안정을 누리려는 것이었다. 신의 힘을 빌리고자 할 때는 신과의 '거래'로서 제물을 겸한 제의가 필요했다. 이것은 현실을 초월하는 종교가 아니라 현실을 또렷이 반영하는 종교였다.

이렇게 종교가 인간의 욕망으로 얼룩져 있음을 알아차린 '현명한' 사람들은 이른바 '철학'으로 불리는 지혜로 나아갔다. 스토아학파와 에피쿠로스학파가 대표적이다. 에피쿠로스학파는 한 개인이 이 세상을 어떻게 살 것인지를 고민하는 철학이다. 에피쿠로스학파의 철학자들은 사회의 부당한 압력이 있을 때 삶의 아름다움과 행복을 지키기 위해 명예와 권력과 물욕 등을 뒤

로한 채 물러나 은둔하는 삶의 양식을 택했다. 그들은 마치 불교 사상과 유사하게 이 세상은 물질, 곧 원소와 원자의 결합과 해체로 이루어진 것이기에 미련을 둘 일도 없다고 가르쳤다. 또한 신이 없지는 않으나 신은 인간 세상이나 자연에 영향을 주지 않는다고 보았다. 신이 인간에게 주는 것은 마음의 동요뿐이다. 따라서 인간의 행복과 역경이 신에게 달려 있지 않다는 것이다. 조용하게 분리된 삶을 살아야 한다고 주장하는 그들은 무신론자는 아니되, 신에게 몰입하여 무언가를 얻어내려는 태도를 멸시했다. 에피쿠로스학파는 개인에 초점을 맞추기에 '개인주의'로 부를 수 있으며, '쾌락'을 강조하기에 흔히 '쾌락주의'로도 알려져 있다. 이때의 쾌락은 결코 감각적이고 말초적인 것이 아니라 오감을 만족시키는 덕을 가리킨다. 그 덕의 완성은 진정한 쾌락인 '아타락시아'이다.

또다른 유력한 가르침으로 스토아철학도 있었다. 스토아학파는 개인과 도시국가 폴리스의 관계가 개인과 제국의 관계로 확장된 이후, 그 제국에 끼치는 인간 힘의 미약함과 우주, 곧 전체에 대하여 인간이 가진 왜소함을 기본적인 정서로 가진 철학이다. 에피쿠로스학파가 개인주의적 쾌락주의라면, 스토아학파는 운명론적 달관을 목표로 한다. 스토아철학의 신관神觀은 범신론이다. 우주가 곧 신 자체다. 신은 무한하기에 신 밖의 무엇을 설정하는 것 자체가 모순이다. 완전한 신이 불완전하고 유한한 세상을 만든다는 것은 자기모순이다. 신은 자연 그 자체이며 자연 과정 자체다. 세상은 신 자체이고, 그렇기에 합목적적이다. 신과 자연은 분리될 수 없으니 주어진 바를 묵상하며 전체에 초점을 맞추어야 한다. 스토아철학자들은 우주의 원리는 로고스, 곧 이성이고 인간도 이 로고스에 참여하고 있는바, 이성에 따른 삶이 이상적인 삶이라고 생각했다. 스토아철학자들은 모두가 이성에 동참하는 인류의 형제애를 가르쳤다. 그들은 조화를 미덕 삼아, 외부의 자극에 흔들리지 않는 초연한 마음의 경지('아파테이아')를 얻기 위해 노력했다.

이 모든 상황을 종합하면 이런 그림이 그려진다. 부글거리는 욕망이 고린도 사람들에게 있다. 고린도는 그런 욕망을 강화하며, 사람들로 하여금 생존과 번영을 추구하고 이를 위해 경쟁하도록 촉구한다. 욕망을 실현하고자 하는 이들은 이 세상을 움직일 지혜를 탐구한다. 앎을 통해 세상을 이해하고 내 목적대로 환경을 변화시키려는 지혜, 자신의 편의와 안락, 그리고 화려한 삶에 대한 욕망을 채워주는 지식은 진리에 대한 추구가 아니라 욕망의 수단일 뿐이다. 이것은 종교에도 스며든다. 신에 대한 제의는 신들의 힘을 빌리고자 하는 욕망에 다름 아니다. 제의는 그 힘을 빌리기 위해 신적인 존재와 벌이는 거래 행위다.

그런 세속적 욕망과 거리를 두고자 하는 사람들은 다른 지혜를 찾으려 한다. 에피쿠로스학파는 안락, 번영이 외부적으로 쉽게 주어지지 않는 상태에서 행복을 추구한다. 스토아학파는 전체에 비해 연약한 개인의 처지를 재빨리 분간하고, 운명론적 달관의 길을 가라고 격려한다. 아마 현대에 옮겨놓는다면 에피쿠로스주의자들은 욕망에 흔들리지 않고 조용히 자신만의 즐거움 속에서 살아가는 소시민으로 분류할 수 있고, 스토아주의자들은 전체 우주와 사회의 질서를 간파하고 그에 맞춰 자신을 수양

하면서, 인류를 향한 사랑을 실천하는 이들로 볼 수 있다. 모범적인 시민이라고 할 수 있으나 그들은 우주와 사회와 개인의 변혁에는 관여하지 않는다. 그러한 태도는 '아무것도 아닌 것들'이 내는 고통의 신음 소리를 애써 외면하고서야 가능하다.

바울은 도시 고린도에서 죄와 악의 지배를 읽었다. 그곳은 욕망에 휘둘리고, 지혜를 얻어 서로 위에 서려고 경쟁하며, 강자에게 굴복해 강자를 중심으로 패거리를 짓고, 신마저 자신들의 이득을 위해 동원하여 결국 승자 독식을 당연시하는 도시, 고통을 느끼는 이들을 위무하고자 하지만 세상을 바꾸는 데는 무력한 철학자들의 도시, 인간의 보편적 고통을 더욱 가중시킬 뿐 어떤 뚜렷한 해결책도 찾을 수 없는 곳이었다. 바울은 출구 없이 사는 '아무것도 아닌 것들'의 신음과 착취, 그리고 억압 위에 세워진, 그러나 '겉보기엔 멋들어진' 도시 고린도에서 죄와 악의 지배를 목격했다. 이는 단지 고린도의 모습만은 아니었다. 다른 헬라 도시들도 이기적 욕망과 경쟁, 약육강식, 종교와 사상의 부패와 무능, 약자의 시체 위에 세워진 문화라는 점에서 다를 바가 없었다. 그 속에서 '아무것도 아닌 것들'은 절실히 구원을 원했다. 바울의 '복음'은 그들에게 구원의 소식을 전한다. 그 구원의 복음은 '십자가에 달린 그리스도'를 핵심으로 한다. 고린도 사람들뿐 아니라 당시 지중해 세계 사람들은 모두 눈을 동그랗게 뜨고 어이없다는 표정을 지으면서 이렇게 대꾸했을 것이다. "십자가에 달린 자가 구원자라고?"

3. 십자가에 달린 그리스도

십자가와 구원

현대에 '십자가'는 매우 친숙한 종교 상징이다. 십자가 형태의 목걸이나 귀걸이도 흔하다. 사랑과 희생의 상징인 십자가를 보며 사람들은 마음의 평화를 느낀다고까지 말한다. 그러나 바울 시대에 '십자가'는 사교적 대화에서 좀처럼 쓰지 않는 단어였다. 십자가형은 로마에서 시작된 것은 아니지만 당대 로마 제국이 시행하던 가장 잔혹하고 혐오스러운 처형 방식이었다.[40] 로마 시민은 사형에 처해질 때 십자가형을 받지 않을 권리가 있었다. 여기에는 몇 가지 이유가 있다.

첫째, 십자가형은 죄수에게 극심한 고통을 안겨주었다. 손과 발에 못을 박고 매다는 것은 머리나 목, 심장 등 생명과 직결되

렘브란트, 〈십자가에서 내림〉, 1632-1633, 뮌헨 알테피나코테크 미술관 소장. '지극히 작은 사람들 가운데 하나'처럼 죽은 예수, 그의 볼품없는 시체, 예수의 시체와 그 주변 사람들의 '거리', 빛나지 않은 죽음의 결말에도 불구하고 우리에게 예수의 죽음이 소중한 이유가 무엇인지 렘브란트의 그림은 묻고 있다.

는 기관을 위해하는 것과 사뭇 다르다. 한 번에 죽이지 않고 고통스럽게 죽음에 이르게 하는 이 십자가형을 받은 사형수는 짧게는 하루, 길게는 사나흘 정도 십자가에 매달려 서서히 탈진이나 질식으로 죽게 된다.

둘째, 십자가형은 고통과 함께 최악의 수치심도 안긴다. 십자가형을 받는 죄수는 벌거벗겨진 채 사람들이 많이 다니는 거리에 놓이게 된다. 십자가형 자체가 사형수에게는 수치와 고통을 안겨주고, 보는 이들에게는 공포심을 심어주는 동시에 조롱할 기회를 주기 위해 고안되었기 때문이다.

셋째, 결정적으로 십자가형으로 죽은 죄수의 시체는 좀처럼 매장되지 못했다. 죄수는 대부분 십자가에 매달린 채 새나 들개의 먹이가 되거나 그대로 썩어갔다. 트로이 전쟁 이야기나 안티고네의 비극 등이 알려주듯 고대 지중해 세계에서 매장을 제대로 해주지 않는 것만큼 인륜에 어긋나는 일은 없었다. 십자가형은 주로 로마에 대항한 정치범에게 내려지기 때문에, 그런 죄인과의 연고를 주장하면서 장례를 치러주는 것은 대단히 위험한 일이었다. 예수의 제자라고 자처하는 이들이 예수의 십자가형 자리에 차마 가지 못했던 이유도 그래서다. 예수의 경우 아리마대 출신의 명망가인 요셉이라는 사람이 빌라도에게 예수의 시체를 과감히 요구하여 받아내고는 장례를 치러주었지만(『요한복음서』19:38-42), 이는 극히 드문 사례였다.

바울은 이런 십자가형에 처해진 예수를 구원자라고 선포했다. 겉보기에는 내전을 끝내고 많은 이들을 십자가에 달아버린 옥타비아누스가 더 그럴듯한 구원자로 보이지 않는가. 십자가에 달린 그리스도, 이것은 바울의 동시대인들에게 형용모순이며 어불성설이다. 그러나 바울은 다음과 같이 선언한다.

유대 사람은 기적을 요구하고, 그리스 사람은 지혜를 찾으나, 우리는 십자가에 달리신 그리스도를 전합니다. 그리스도가 십자가에 달리셨다는 것은 유대 사람에게는 거리낌^{σκάνδαλον}이고, 이방 사람에게는 어리석은 일입니다. 그러나 부르심을 받은 사람에게는, 유대 사람에게나 그리스 사람에게나, 이 그리스도는 하느님의 능력이요, 하느님의 지혜입니다. 하느님의 어리석음이 사람의 지혜보다 더 지혜롭고, 하느님의 약함이 사람의 강함보다 더 강합니다.(『고린도전서』1:22-25)

바울은 세상물정을 모르는 바보가 아니었다. 그는 십자가에 달린 그리스도를 전하는 것이 얼마나 기괴한 일인지 잘 알고 있었다. 그것은 동시대인들에게 '스칸달론^{σκάνδαλον}', 곧 '걸려 넘어지게 하는 것'이었다. 바울은 세상이 요구하는 구원자의 모습을 기적과 지혜 두 가지로 요약했다. 그러나 십자가는 기존 세상의 눈으로 볼 때 약함과 어리석음의 상징에 다를 바 없다. 이 모순을 간파하고 있으면서도 바울이 깨달은 진리는 무엇일까?

앞서 그리스인들이 추구하던 지혜에 관해 논한 바 있다. 그 지혜는 진리에 대한 헌신적 추구가 아니라 결국 생존과 번영의 도구로 전락한 지혜이고, 다른 사람을 자신의 목적대로 움직이게 하는 수단이었다. 거기에는 세상의 원리를 이해하고, 그 이해에 따라 세상을 자기 목적에 따라 조정하려는 욕망이 작용했다.

'지혜'가 그리스인이 생각하는 구원자의 힘이라면, 유대인은 '기적'을 원했다. '기적'에 해당하는 헬라어 '세메이온^{σημεῖον}'은 단순히 '상식으로는 생각할 수 없는 기이한 일'을 가리키지 않는다. 그것은 하느님이 자신의 존재를 알리기 위해 일으키는 초자연적 힘을 뜻한다. 유대인은 그러한 야훼의 기적을 바랐다. 유대인은 스스로 거대한 악과 악의 대리자(이방 제국인 로마 제국)를 물리칠 수 있으리라 기대하지 못했고, 이집트에서 자신들을 구원했던 그 야훼가 놀라운 기적을 행하여 지금 여기에서도 자신들의 대적大敵을 물리쳐주기를 바랐다. 기적이야말로 이 세상을 움직이는 참된 힘이라면서 유대인들은 그 기적을 통한 세상의 변혁을 기대했다. 기적과 지혜를 바라는 사람들의 눈에 십자가는 어리석음과 약함일 뿐이고, 세상을 변혁하기는커녕 자기 하나 지켜내지 못하는 패배의 상징이었다. 그러나 바울은 야훼 하느님의 진정한 계시가 일어난 곳, 또 하느님의 능력과 지혜가 나타난 곳이 십자가라고 단언한다.

십자가가 드러내는 세상의 본질

십자가형은 유대인의 율법에 따르면 저주받은 것이었고, 그레코-로만 세계의 비유대인에게는 수치와 무능의 증거였다. 그러나 하느님의 아들은 하느님이 원하는 길, 십자가의 길을 갔고, 이때 십자가는 크게 두 가지 본질을 드러낸다. 하나는 이 세상의 본질이고, 다른 하나는 야훼 하느님의 본질이다. 이 세상의 본질이란 속세의 지배 권력이 하느님과 적대적으로 맞선다는 점이다. 데리다식으로 말하면, 해체 불가능한 하느님의 정의가 이 세상의 법 바깥에서 그리고 법 너머에서, 동시에 법적 질서 앞에서

무력하게 일어났다.[41]

하느님의 아들을 십자가에 매달아 죽게 했다는 것은 이 세상의 통치자들이 본질적으로 하느님과 대결하고 있음을 뜻한다. 그들은 하느님의 뜻을 온전히 구현하는 그리스도를 믿고 받아들이며 자신을 바꾸는 대신, 그리스도를 십자가에 매달았다. 이것은 그들이 죄와 악에 사로잡혀 있음을 보여준다. 죄와 악의 세력이 이 세상을 지배하고 있기에, 진리와 선함의 그리스도가 십자가에 매달린 것이다. 그러니 그 시대는 '평화'의 시대도 아니고, 세상의 통치자들은 '구원자'도 아니다. 도리어 사람들은 죄와 악으로 인해 고통 속에 신음한다. 권력자들은 죄와 악의 대행자일 뿐 절대로 신을 대리하는 올바른 통치자가 아니다. 하느님의 뜻을 잘 안다고 주장하는 유대인 지도자들 역시 하느님을 모르기는 마찬가지다. 그들의 지혜는 하느님을 알지 못하고, 도리어 하느님의 뜻을 거스른다. 바울은 이렇게 말한다. "이 세상 통치자들 가운데는, 이 지혜[하느님의 구원의 지혜]를 아는 사람이 하나도 없습니다. 그들이 알았더라면, 영광의 주님을 십자가에 못박지 않았을 것입니다."(『고린도전서』 2:8)

또한 구원의 길이라고 믿고 갈구한 유대인의 기적과 그리스인의 지혜 모두 그 시대를 구원하기에 적절한 방법이 아니었다. 죄와 악에 맞서기에는 무력할 뿐 아니라 적절치도 않다. 그렇기에 하느님이 이 세상을 구원하기 위해 택한 방법은 기적도 지혜도 아닌 바로 십자가였다. 예수는 그의 생애 동안 기적을 행했지만 기적을 통해 세상이 구원되리라고 믿지 않았다. 예수는 공생애를 시작하기 전에 악마로부터 세 가지 시험을 받았다고 전해진다. 그중 한 가지가 기적에 대한 시험이었다.

> 그때에 악마는 예수를 그 거룩한 도성으로 데리고 가서, 성전 꼭대기
> 에 세우고 말했다. "네가 하느님의 아들이거든, 여기에서 뛰어내려
> 보아라. 성서에 기록하기를 '하느님이 너를 위하여 자기 천사들에게
> 명하실 것이다' 그리고 '그들이 손으로 너를 떠받쳐서, 너의 발이 돌
> 에 부딪치지 않게 할 것이다' 했다." 예수께서 악마에게 말씀하셨다.
> "또 성서에 기록하기를 '주 너의 하느님을 시험하지 말아라' 했다."
> (『마태복음서』 4:5-7)

유대인의 하느님이 이 땅에 머문다면 그곳은 거룩한 도성, 곧
예루살렘이다. 게다가 성전, 그것도 성전의 꼭대기라면 지구상
에서 하느님이 있을 수 있는 최적의 곳이다. 그곳에 예수를 데
려다 세운 악마는 이전에 조상들이 하느님의 말씀이라고 전해
준 말을 인용하며 예수를 시험한다. 악마의 유혹은 이런 것이었
다. '네가 하느님의 아들이거든 뛰어내려라. 하느님은 너를 보호
할 것이다. 그는 전능자이지 않은가. 또 그는 너의 아버지, 곧 너
를 사랑하는 분 아닌가. 하느님은 기적적으로 너를 다치지 않게
하여, 그 기적을 통해 네가 하느님의 아들이라는 것을 사람들에
게 증명해 보일 것이다.' 그러나 예수는 그러한 기적을 거부한
다. 기적은 사람들과 사회에 충격을 줄 수 있지만, 그 효과는 일
시적이고 잠정적일 뿐이다. 놀라운 기적이라도 우주적 질서를
바꿀 수 없고, 사람의 삶 자체를 진정으로 변화시킬 수 없다. 기
적처럼 특별하고 유별난 것은 일상에 늘 파묻히고 만다. 일상만

큰 센 것은 없다. 예수는 많은 기적을 행했지만, 그런 기적을 통한 인간의 변화와 구원을 믿지는 않았다. 가령 유명한 기적 이야기, 다섯 개의 빵과 물고기 두 마리로 남자 어른만 5천 명을 먹였다는 유명한 '오병이어五餠二魚'의 기적은 다음과 같이 끝난다.

> 사람들은 예수께서 행하신 기적[세메이온σημεῖον]을 보고 '이분은 참으로 세상에 오시기로 된 그 예언자이다' 하고 말했다. 예수께서는, 사람들이 와서 억지로 자기를 모셔다가 왕으로 삼으려고 한다는 것을 아시고, 혼자서 다시 산으로 물러가셨다.(『요한복음서』6:14-15)

예수는 '기적'을 보고 자신을 왕으로 삼으려던 사람들의 요청을 거절한다. 기적으로 구원이 성립되지는 않는다. 기적은 특별한 일이고 멋진 일이지만, 우리는 일상을 산다. 구원은 일상에 있어야 한다. 예수는 이러저러한 기적을 일으켰지만 그것으로 사람들이 바뀌지 않음을 알았다. 그의 십자가가 이를 가장 잘 보여준다. 예수가 기적을 일으킨 것은 분명하지만 유대인들은 기적을 일으킨 예수를 십자가에 매달아버리고 만다. 기적에 대한 요구는 늘 더 큰 기적을 요청할 뿐이다.

예수는 십자가 위에서도 기적을 거절한다. 십자가 주변에 있던 사람들은 예수를 향해 스스로를 구원하는 기적을 일으켜보라고 조롱조로 요청한다. 그러나 예수는 이를 거절한다.[42] 그들은 예수가 신음 속에 내뱉는 절규, "엘리 엘리 라마 사박다니[나의 하느님, 나의 하느님, 어찌하여 나를 버리셨습니까?]"를 유대 역사에서 기적으로 유명한 선지자 '엘리야'를 부르는 것으로 착각한다. 자기들이 듣고 싶은 대로 들은 셈이다. 그들은 말한다. "어디 엘리야가 와서, 그를 구하여주나 두고 보자."(『마태복음서』27 : 49) 예수는 기적에 대한 요구, 그 유혹을 마지막까지 거절하며 십자가에서 숨을 거둔다. 예수에게 기적은 인간과 사회를 근본적으로 바꾸는 통로가 아니었다. 도리어 기적은 인간의 욕망을 기이하게 자극할 뿐 참된 삶에 도달하지 못하도록 한다. 십자가는 그러한 기적 추구가 잘못되었음을 선언한다. 십자가에는 그 어떤 기적의 흔적도 없다.

다른 한편 지혜를 통해 삶을 구원하려는 헬라인들의 시도 역시 하느님의 뜻이 아니다. 앞에서 도시 고린도의 상황을 예로 들며 지혜의 추구가 어떻게 인간의 욕망 속에 자리잡아 인간을 기만하는지, 또 죄와 악의 세력에 맞서기에 얼마나 무능력한지를 살펴보았다. 생존과 번영의 지혜는 남을 누르라고 가르친다. 내가 살고 풍족하려면 상대방에게 지지 않아야 한다. 생존과 번영의 지혜는 이기적 자아를 강화한다. 수사학은 아름답고 힘있어 보이지만 자기를 변화시키기보다는 결국 옹색한 자기와 자기 이익의 주변을 맴돌 뿐이다. 올림포스 신들을 향한 전통적 제의는 기껏해야 신들의 진노를 달래고 신들을 구슬려 자신의 목적을 달성하려는 시도일 뿐이다. 스토아학파나 에피쿠로스학파의 지혜도 죄와 악에 맞설 힘은 없다. 그것은 성숙한 개인 혹은 자유 시민의 '아파테이아'와 '아타락시아'의 경지를 논하는 것 이상으로 나아가지 못한다. 죄와 악이 어지럽힌 세계를 향해 변화를 요청하기보다는 기존 세계와 부대끼지 않는 개인의 안락과 평안을 추구한다.

바울은 다마스쿠스로 가는 길에서 십자가에 달린 그리스도, 그러나 죽지 않고 다시 살아난 그리스도를 보았고, 그를 통해 야훼 하느님의 구원 계획을 깨달았다. 십자가에 달린 그리스도는 하느님과 대적하는 이 세상이 본질적으로 죄와 악의 세력에 붙들려 있고, 이 세상에서 성공한 이들은 결코 참된 신의 대리자가 아니라는 것을 드러낸다. 또한 십자가에 달린 그리스도를 통하여 이 세상을 구원하려는 하느님의 계획은 유대인들이 원하는 기적과 헬라인들이 추구하는 지혜가 무능하고 무기력하다고 선언한다. 그런 기적과 지혜는 이 세상을 구원하기보다는 도리어 이 세상의 고통을 교묘하게 가중시킬 뿐이다. '악마'는 제 반대자를 포섭하여 더 크게 키운다. 이러한 십자가의 세계 진단이 '아무것도 아닌 것들'에게 설득력 있을까? 그럴 것이다. 아무것도 아닌 것들이 계속해서 들어왔던 말은 이 세상이 평화와 번영의 시대이며, 이 세상의 통치자들은 선한 신의 대리자이기에 복종해야 한다는 것이었다. 그러니 아무것도 아닌 것들이 못나고 괴로운 것은 이 세상의 탓이 아니라 자기 자신들이 못난 탓이어야 했다. 그러나 십자가는 이 세상과 그 지배자들의 주장에 반대한다. 이 세상은 평화와 번영은커녕 하느님의 아들마저 죽여버릴 만큼 이기적 폭력이 지배하며, 이를 실행하는 통치자들은 신들의 대리자가 아니라 그저 죄와 악의 대리자일 뿐이다. 이 죄와 악의 세상은 옳은 것도 아니고, 신적인 것도 아니다. 이 잘못된 세상은 바뀌어야 한다. 하느님이 이 땅 위에 와서 머무는 곳은 십자가다! 하느님이 이 세상에 와서 십자가에 묶여 있다면, 고통과 수치를 당한다면 이 세상은 단단히 잘못된 것이다.

십자가에 나타난 하느님의 본질

십자가에 달린 그리스도는 세상의 본질을 드러내면서 동시에 하느님과 그의 아들의 본질을 드러낸다. 그것은 바로 '사랑'이다. 바울은 그리스도 안에서 하느님이 사람을 사랑했다고 말한다. "나는 확신합니다. 죽음도, 삶도, 천사들도, 권세자들도, 현재 일도, 장래 일도, 능력도, 높음도, 깊음도, 그 밖에 어떤 피조물도, 우리를 우리 주 예수 그리스도 안에 있는 하느님의 사랑에서 끊을 수 없습니다."(『로마서』 8:38-39) 바울은 하느님의 사랑이 무엇인지를 그리스도 안에서 발견할 수 있다고 확신했다. 문제는 그것이 무슨 사랑이냐는 것이다. 하느님에게 정죄받은 이 세상의 통치자들도 사랑과 자비를 제 입으로 당당히 말하기 때문이다.

하느님의 사랑은 우리가 이미 살펴보았듯 약한 사람, 경건하지 않은 사람, 죄인을 포용하는 사랑이다.

> 우리가 아직 약할 때에, 그리스도께서는 제때에, 경건하지 않은 사람을 위하여 죽으셨습니다. 의인을 위해서라도 죽을 사람은 거의 없습니다. 더욱이 선한 사람을 위해서라도 감히 죽을 사람은 드뭅니다. 그러나 우리가 아직 죄인이었을 때에, 그리스도께서 우리를 위하여 죽으셨습니다. 이리하여 하느님께서는 우리들에 대한 자기의 사랑을 실증하셨습니다.(『로마서』 5:6-8)

그리스도는 사랑받을 만한 가치가 없는 대상을, 목숨을 버리면서까지 사랑했다. 이 사랑은 유대인들이 바라는 기적이나 헬라인들의 지혜와는 완전히 다른 구원을 목표로 한다. 사랑에는 기적이 없다. 자기 이익을 도모하는 '지혜'도 없다. 사랑은 서로를 누리는 기쁨과 헌신, 그리고 신중하고 사려 깊은 상호배려에서 생겨나고 유지된다. 그것은 상대와 더불어 기뻐하며, 상대의 이익을 도모하면서 자신을 뛰어넘는 것이다. 나아가 힘있는 사랑은 가치 없는 것을 가치 있는 것으로 바꾼다. 가치 있는 것을 사랑하는 일은 쉽다. 그러나 가치 없게 여겨지는 것에서 아름다움을 발견하여 그것을 사랑하고, 마침내 가치 있는 것으로 변화시키는 것은 놀라운 사랑의 힘이다. 플라톤을 비롯한 헬라의 철학자들은 사람이 사랑할 만한 것들을 사랑하라고 격려했다. 그러나 십자가에 나타난 사랑은 그러한 격려와 다른 종류의 사랑이다. 십자가는 '야수'를 변화시켜 본래 '왕자'의 모습으로 되돌리고, '개구리' 역시 '왕자'로 돌이키려는 사랑이다. 그리스도는 사랑할 가치가 없다고 간주된 대상들을 사랑해서 그들을 하느님의 자녀로 불렀다. 이제 그들은 기쁨을 나누는 희생적이고 이타적인 사랑 덕분에, 무가치한 것에서 하느님의 사랑을 받는 귀한 존재, 마침내 타자와 더불어 사랑할 수 있는 존재로 변화되었다. 이것은 자기 자신의 이득을 추구하는 왜곡된 지혜와는 완전히 다르다. 사랑을 받아 존귀한 지위가 주어진다는 것은 '아무것도 아닌 것들'에게 복음이 아닐 수 없다.[43] 예수 안에서 하느님이 보여준 사랑이 바로 하느님이 인간에게 보여주고 싶어했던 하느님의 기적이고 하느님의 지혜였다. 이는 이른바 이 세상에서 잘났다고 하는 사람들이 아무것도 아닌 것들에 대해 갖고 있는 생각과 시선을 바꾸어야 한다는 메시지이기도 했다.

십자가는 기적도, 지혜도 아니다. 다만 사랑을 보여준 십자가가 하느님의 능력이고 지혜이며, 그것을 통해 구원의 길이 열렸다고 바울은 말한다. 그런데 일부 기독교인의 오래되고 강고한 오해대로 십자가를 통한 구원은 결코 '믿는다고만' 해서 주어지지 않는다. 예수가 하느님의 사랑을 나타내고 우리를 위해 십자가에 달려 죽었다는 '사실'에 그저 동의한다는 것과 바울이 말하는 구원과는 별 상관이 없다. 구원은 '믿는다'라는 말을 했을 때 자동판매기의 상품처럼 툭하고 떨어져 나오는 게 아니다. 바울이 선언하는 십자가의 구원에는 그러한 주술 같은 '기적'이 없다. 십자가의 사랑을 통한 구원은 그 십자가의 사랑에 참여하는 이들이 누리는 기쁨이자 복이다. "나는 너를 사랑한다"라고 말해놓고 실제로 사랑하지 않으면 사랑의 기쁨도 슬픔도 감격도, 그리고 그 결과도 얻을 수 없는 것처럼, 십자가는 그것을 그저 하느님의 신비와 기적이라고 믿는다고 말하는 사람을 구원해주는 것이 아니라 그 사랑에 참여할 때 구원의 사건으로 일어난다. 그 사랑이 '나'를 뛰어넘게 하고, '너'와 더불어 누리게 하고, '우리' 속에서 기쁘게 만들기 때문이다. 또한 그 사랑은 신적인 삶으로 이끄는 통로이기도 하다. 그래서 바울은 늘 실존적 참여, 곧 십자가에 참여하라고 강력하게 외친다.

그리스도께서 모든 사람을 위하여 죽으신 것은, 이제부터는, 살아 있는 사람들이 자기 자신들을 위하여 살아가도록 하려는 것이 아니라, 자기들을 위하여서 죽으셨다가 살아나신 그분을 위하여 살아가도록 하려는 것입니다. / 누구든지 그리스도 안에 있으면, 그는 새로운 피조물입니다. 옛것은 지나갔습니다. 보십시오, 새것이 되었습니다.(『고린도후서』5:15/17)

예수는 자신만을 위한 삶을 버리고 사랑받지 못할 것들이라고 여겨진 존재들마저 사랑의 대상으로 포함하여 자신을 넘어섰다. 이처럼 십자가는 그것을 믿는다고 말하는 사람들에게 '나'를 뛰어넘으라고 요청한다. 곧 옹색한 자기, 이기적 자기를 넘어서는 자기 초월이 십자가의 길이다. 십자가를 통해 구원에 이른다는 복음은 십자가를 진 그리스도처럼 살아가는 것이고, 성서는 이것이 신적인 삶이라고 선언한다. 바울은 이것을 "그분을 위하여 살아가도록 하려는 것"이라고 표현한다. 십자가를 진다는 것은 십자가의 원리에 따라 이 세상의 기적과 지혜를 거절하고, 이 세상의 죄와 악에 맞서며, 하느님의 사랑에 따라 이 세상에서 무가치하고 쓸모없는 것으로 치부된 대상을 사랑하는 것이다. 그 사랑으로 세상의 변화와 변혁을 이끌어내며, 사랑받지 못할 것들을 사랑하여 마치 '신의 가족'처럼 가치 있게 만드는 길에 즐거움과 기쁨으로 함께하는 것이다. 그러한 실존적 참여만이 '그리스도 안에' 있는 것이고, 그 안에서야 비로소 인간은 죄와 악의 세력에서 풀려난 새로운 피조물이 되어, 새 삶을 살아갈 능력을 갖게 된다. 곧 구원이 이루어진다.

아무것도
아닌 것들의 기쁨

참여하는 십자가

'참여하는 십자가'는 세상의 통념으로는 기적도 지혜도 아니다. 구원자가 어떤 기적적 구출도 없이 죽임을 당해야 했던 그 십자가에, 기적에 대한 아무런 바람 없이 참여하여 십자가의 포용적 사랑의 길을 가야 하는 것이 어떻게 통념적 기적과 지혜가 되겠는가. 그러나 바울은 그것 외에는 길이 없다고 선언한다. 앞에서 인용했던 『고린도전서』 1장 22-25절을 다시 읽어보자. 참여하는 십자가는 "거리낌"이고 "어리석은 일"이다. 그러나 십자가로 부르심을 받은 사람에게는 그것이 바로 "하느님의 능력"이고 "지혜"다. 바울은 이를 두고 '어리석다'거나 '약하다'라고 평하는 사람이 있으리라 생각하고는 이렇게 미리 답했다. "하느님의 어리석음이 사람의 지혜보다 더 지혜롭고, 하느님의 약함이 사람의 강함보다 더 강합니다."(『고린도전서』 1:25)

신을 믿는 사람의 목표는 결국 그 신과 하나가 되어 신과 더불어 사는 것이다. 바울의 경우에는 십자가에 매달린 그리스도와 하나가 되는 것이 목표이고, 이를 위해서는 십자가에 참여하는 길 외에 다른 길이 없다. "나는 그리스도와 함께 십자가에 못박혔습니다. 이제 살고 있는 것은 내가 아닙니다. 그리스도께서 내 안에서 살고 계십니다."(『갈라디아서』 2:20) 십자가에 못박힌다는 것은 이 세상을 정죄하고 비판하며 새로운 삶의 길을 제시하려는 것이다. 바울은 예수가 목숨을 바치면서까지 하느님의 온 뜻을 수행하다 제물처럼 십자가에 달린 것을 근거로 청중에게 이렇게 권고한다.

여러분의 몸을 하느님께서 기뻐하실 거룩한 산 제물로 드리십시오. 이것이 여러분이 드릴 합당한 예배입니다. 여러분은 이 시대의 풍조를 본받지 말고, 마음을 새롭게 함으로 변화를 받아서, 하느님의 선하시고 기뻐하시고 완전하신 뜻이 무엇인지를 분별하도록 하십시오.(『로마서』12:1-2)

    하느님의 뜻은 이 시대의 풍조, 곧 기적과 지혜의 추구와 다르다. 분별해야 할 하느님의 뜻은 십자가에 달린 그리스도에게 있었다. 이것은 아무것도 아닌 것들에게 복음이었다.

    이 십자가에 참여하는 사람들은 새로운 피조물로 탄생하게 되는데, 이들에게는 이 세상이 알지 못하는 새로운 힘이 주어진다. 하느님은 십자가에 참여하라고 요청한 후 스스로의 힘으로 그 일을 달성하라고 다그치지 않고 새 힘을 주는데, 하느님이 주는 그 힘은 하느님의 영인 '성령'이라고 바울은 가르쳤다. 기독교의 특징은 이러한 자기 초월의 가능성과 사랑의 급진성이 성령을 통해 가능하다는 주장에 있다. 『로마서』에 언급된 바울의 주장을 정리하면 다음과 같다. 십자가의 길을 가서 그곳에서 죽임당한 하느님의 아들 예수는 '성령'으로 부활을 맞이했다.(1:4) 성령은 살리는 힘이며 죽음을 넘어서게 하는 하느님의 영이다. 죄와 죽음의 세계에서 성령은 해방을 선사한다.(8:2) 성령은 새로운 정신으로 하느님을 섬기게 하고(7:6), 우리는 그 안에서 평화와 사랑과 공존을 깨닫는다.(5:5, 8:6) 아무것도 아닌 것들도 하느님의 영을 받아 누리며 자신들이 진실로 하느님의 자녀임을 깨닫게 되고(8:16), 약하여 쓰러질 것 같을 때에는 성령이 새 힘을 준다.(8:26) 그래서 십자가의 길을 가는 사람은 희망 속에서 능력을 놓치지 않을 수 있다. 바울은 십자가에 참여할 때 하느님의 영이 함께하여 누리게 되는, 이전과는 완전히 다른 풍성한 삶의 가능성과 현실에 대해 이렇게 썼다.

> 성령의 열매는 사랑과 기쁨과 화평과 인내와 친절과 선함과 신실과 온유와 절제입니다. 이런 것들을 막을 법이 없습니다. 그리스도 예수께 속한 사람은 정욕과 욕망과 함께 자기의 육체를 십자가에 못박았습니다. 우리가 성령으로 삶을 얻었으니, 우리는 성령이 인도해주심을 따라 살아갑시다.(『갈라디아서』 5:22-25)

자, 그럼 이렇게 상상해보자. 고린도 거리에서 곡식 가게를 하던 한 사람이 유대 땅에서 온 바울이라는 남자가 전한 복음을 믿었다. 바울은 가죽 다루는 일을 하는, 곧 육체노동을 하는 별 볼일 없는 계급의 사람, 곧 '나와 같은 사람'인데 그 사람이 전한 이야기는 매우 놀라웠다. 곡식 가게 사람은 십자가에 달린 그리스도를 자신의 주님으로 받아들이고 싶었다. 그는 이 세상을 뛰어넘는 성령이 인도하는 삶을 살고 싶었고 십자가의 길이 구원의 길임을 믿게 되었다. 그렇다면 이제 어떻게 해야 하는가? 바울은 그에게 자신이 지금 '에클레시아'를 만들고 있고, 그 '에클레시아'에 참여하자고 권할 것이다. '에클레시아'는 오늘날 '교회'로 번역되는 헬라어다. '에클레시아'란 과연 무엇인가?

3장

'교회'라는 전위대

1. 유사 가족 '에클레시아'

에클레시아

오늘날 '교회敎會'라고 하면 흔히 기독교의 건물을 떠올린다. 그러나 교회에 해당하는 헬라어 '에클레시아'는 고대 그리스의 도시국가에서 온전한 시민권을 가진 시민들의 모임을 가리켰다. 헬라 도시에 사는 시민들은 도시의 중요한 의사결정을 할 때 발언하고 토론을 제안할 권리를 가졌는데, 에클레시아는 정치적, 사법적 결론을 내릴 때 모이는 자발적 모임이었다.

  헬라어로 번역된 구약성서(70인역성서)나 1세기 유명한 유대인 역사가인 요세푸스, 알렉산드리아의 유대인 저술가 필론은 히브리어 '카할קָהָל'을 '에클레시아'로 옮겼다. '카할'은 하느님의 말씀을 듣기 위해 모인 이스라엘 회중을 의미했다.(『신명기』

4:10, 9:10, 10:4, 18:16, 31:30, 『열왕기상』8:14/22/55/65)

바울은 위의 두 가지 의미를 모두 일정하게 함의한 채 예순두 차례에 걸쳐 '에클레시아'라는 단어를 사용한다. 일차적으로 에클레시아는 바울이 전한 복음에 따라 '자발적으로 모인 모임'을 뜻했다. 옛날 하느님이 모세를 중재자로 하여 이집트를 탈출한 히브리인들을 언약 백성인 '이스라엘'로 불렀듯, 바울은 이제 하느님이 예수를 중재자로 하여 예수의 십자가에 나타난 하느님의 뜻을 믿고 따르는 하느님의 새로운 백성, 곧 '새 이스라엘'을 부른다고 믿었다. 이것이 바울의 '에클레시아'에 담긴 근본 의미이다. 에클레시아는 특정 지역에 모이는 특정 모임을 지칭하기도 했고, 동시에 지역과 시간을 초월해 예수를 통해 전해진 하느님의 복음을 믿고 따르는 모임을 의미하기도 했다. 바울은 고린도 교회에 보내는 편지 서두에 에클레시아의 두 뜻을 동시에 나타낸다.

> 고린도에 있는 하느님의 교회에 이 편지를 씁니다. 그리스도 예수 안에서 거룩하여지고 성도로 부르심을 받은 여러분에게 문안드립니다. 또 각처에서 우리 주 예수 그리스도의 이름을 부르는 모든 이들에게도 아울러 문안드립니다. 예수 그리스도는 이 사람들의 주님이시며 우리의 주님이십니다.(『고린도전서』1:2)

바울이 고대 지중해 세계 사람들을 자신이 세우고 있는 '에클레시아'로 초청했을 때 그들의 머릿속에 떠오르는 모임은 대략 세 가지였다. 첫번째는 유대인들의 '회당'이다. 회당은 팔레스타인 안팎에서 유대인들이 모이는 장소이자 모임으로 비유대인들에게도 낯설지 않았다. 두번째는 철학 학파 모임이다. 바울이 사람들을 끌어모은 주된 수단 중 하나는 설교였다. 바울은 대도시를 중심으로 선교했고, 대도시에는 으레 유대인 회당이 있었기 때문에 그곳에서 설교할 기회가 있었다. 또 아테네 같은 헬라 도시에서는 아고라에서 설교를 하기도 했다. 당시에는 아고라 같은 광장에서 자신의 지혜와 지식을 외치면서 사람들을 모으는 전통이 있었기 때문에 바울의 전도 방식이 유별나지는 않았다. 설교는 수사학을 통한 조직적 담론이기에, 바울은 돌아다니면서 자신의 지식을 통해 생계를 해결하는 소피스트들과 혼동될 수 있었다. 또 바울은 생계 해결을 위해 가죽 다루는 일을 하면서 대화를 통해 복음을 전했다. 이 대화도 그저 일상적 대화가 아니라 진리와 생명, 구원이라는 주제를 놓고 나누는 '철학적' 대화였다. 그러니 누군가 바울의 설교를 듣거나 그와 대화를 나누었다면 바울의 에클레시아를 철학 학파 모임이라 추측했을 수 있다. 마지막 세번째는 당시 이집트와 근동 지역에서 유행하던 신비종교 모임이다. 바울은 제국의 동쪽 지역인 유대에서 왔고, 그가 선포하는 주제가 생명, 죽음과 부활, 죄와 악, 구원 등이었다면, 당시 사람들은 바울의 에클레시아를 신비종교 모임으로 볼 수도 있었다. 이집트의 이시스-오시리스 종교뿐 아니라 페르시아에서 기원하며 로마 제국에 널리 퍼져 있던 미트라 종교 등은 그리스도의 죽음과 부활 이야기와 부분적으로 닮아 있었다.

어쨌거나 외부에서 바라보는 사람들에게 바울의 에클레시아는 특정한 목적을 위한 '자발적 모임'인 콜레기아collegia로 비쳤을 것이다. 기본적으로 콜레기아는 법적 권리를 가지고 있는 모임이었지만, 집회와 결사에 엄격했던 로마 제국은 콜레기아를 지속적으로 감시했다. 특히 바울의 에클레시아는 여느 모임과 확연히 다른 점이 있었다. 상업적 목적도 없었고, 체육을 위한 친목 단체도, 특정 인종과 계급의 모임도 아니었다. 예수를 그리스도, 주님이라 부르는 모임인데, 그들이 고백하는 그리스도는 십자가형을 받은 사람이었다. 그렇기에 로마 제국에 반하는 정치적 모임으로 보였을 가능성이 높다. 바울의 에클레시아는 당대를 죄와 악의 시대로 규정하고, 로마 황제 외에 다른 주님을 내세우며, 제국의 통치가 아니라 이스라엘 야훼의 통치를 꿈꾸었다. 이 공동체는 계급과 인종의 경계를 넘어서서 다 같이 모였다. 다양한 계급과 인종은 로마의 '분리하여 다스리는' 통치 기술에 도움을 주는 요소였는데, 에클레시아는 이런 '자연적' 구분에 연연하지 않았다. 로마 제국의 관리라면 당연히 이런 에클레시아가 신경쓰였을 것이다.

유사 가족

바울의 에클레시아는 자발적으로 특정한 목적을 가지고 모였고, 높은 유대감을 요구했다. 강한 결속력을 가진 에클레시아는 '가족'의 언어를 사용했다. 교회에서 서로를 형제와 자매로 부르는 전통은 이때부터 이미 시작되었다. 오늘날 기독교에서 형제·자매 호칭은 때로 희화되기도 하지만, 엄연한 계급사회이던 당시에 신분과 지위를 넘어서서 동기애同氣愛를 나타내는 가족 호칭은 매우 파격적이었고, 엄격한 계급의식을 가진 이들에게는 혁명적인 일이었다. 양반과 상민이 엄격하게 구분되던 신분제 사회인 조선 시대에 양반과 평민과 백정이 한 모임을 이루어 서로를 형제와 자매로 부르고, 거기에 다른 아시아 지역 사람들과 서양인까지 함께했다고 가정해보자. 조선의 관리들은 그 모임을 예의주시하지 않을 수 없었을 것이다.

바울의 에클레시아는 공동체 구성원 서로에게 가족의 언어를 사용하는 일종의 '유사 가족'이었다. 가족이 혈연으로 묶인 운명 공동체라면, 바울의 에클레시아는 십자가에 달린 그리스도를 믿는 신앙 공동체였다. 이 공동체는 구성원들에게 서로를 향한 연대감과 지지, 그리고 모임의 유지와 발전을 위한 헌신을 요구한다. 구성원 중에 다소 넉넉한 사람은 자신의 집을 모임 장소로 내주거나 다른 구성원을 후원했다. 나아가 바울은 자신이 세운 에클레시아들 사이의 연대, 또 자신이 세우지 않은 예수 신앙 공동체들과의 연대를 강조했다. 가령 로마 시의 에클레시아들은 스스로를 책임져야 할 뿐 아니라 가난과 기근에 시달리는 예루살렘의 에클레시아들에게 실질적 도움을 주도록 권고받았다. 바울의 에클레시아는 제국을 가로지르는 연대의 네트워크로 서로를 지지하고 격려하려 했다.

이 에클레시아는 외부를 향해 적극적인 '복음' 선포를 지향하는 모임이지만 동시에 배타적 충성을 요구했는데, 가령 다른 신을 섬기는 제의에 참여하면서 동시에 바울의 에클레시아에도 참여할 수는 없었다. 이는 당시와 같은 다종교 사회에서 독특한 것이었다. 바울은 예수의 이름으로 모이는 에클레시아에 참여하면서 다른 신의 제의에 참석해 그 제의의 음식을 먹는 일 등이 원칙적으로는 별일 아니라고 생각했다. 그 다른 신은 실상 텅 빈 우상이기 때문이었다. 그러나 바울은 다른 구성원들의 믿음이 흔들릴까 우려해 다른 제의 참여를 삼가하도록 했다.

　바울의 에클레시아에 처음 들어온 신입 회원이 있다고 가정해 보자. 그는 이제 다음과 같은 믿음을 공유하는 공동체에 가입한 것이다. 이 모임은 유대인의 종교, 유대인의 하느님 야훼와 그가 보낸 그리스도인 예수를 믿는다. 신입 회원은 자신이 야훼의 자녀이며, 예수 그리스도의 동기同氣가 되어 '신의 가족'을 이루는 구성원이 되었다고 여긴다. 그는 이 세상의 진정한 주인이 로마 황제와 그 가족이 아님을 고백한다. 십자가에 달린 그리스도의 사랑이 참다운 구원의 길이며 신적인 삶을 사는 것이라고 믿는다. 이제 참다운 '신의 가족'이 되었으니, 당연히 그 신분에 맞게 살아야 한다는 격려를 받는다. 과거 자신의 언행과 세상에 대한 시각은 '신의 가족'의 정체성에 맞게 변경된다. 아직 이전의 '현실'은 어느 정도 유지되지만, 바울의 가르침에 따르면 죄와 악이 다스리는 이 세상의 끝은 얼마 남지 않았다. 그러니 불필요한 갈등을 유발하여 소란을 피울 이유는 없지만, 그렇다고 자신의 새로운 신분과 양심을 속이는 일을 할 수도 없다. 이제 신의 가족이 된 신입 회원은 새로운 가치와 정체성을 가지고, 앞으로 있을 영광의 날을 미리 앞당겨 지금 이곳에서 살아낸다. 그는 신의 가족 사이에서 다른 사람들의 지지를 통해 힘을 얻고, 또 하느님의 영靈인 성령을 통해 불가사의하고 강력한 힘을 공급받는다. 이제 그는 '새로운 피조물'이 되었다. 자신과 이 모임 자체가 야훼 하느님과 예수 그리스도가 옳다는 증명이다.

뒤에서는 바울의 에클레시아가 지닌 독특성 몇 가지를 살펴보고자 한다. 특히 '아무것도 아닌 것들'이 바울의 에클레시아에서 기쁨을 느낄 수 있었던 이유에 초점을 맞추도록 하겠다.

2. 평등과 연대의 공동체

『빌레몬서』의 가르침

바울은 자신이 세운 에클레시아를 얼마간 지도하다가 구성원들 스스로 공동체를 운영할 정도가 되었다고 판단하면 다른 곳으로 선교하러 떠났다. 그리고 그 공동체에 문제나 해결해야 할 사안이 생기면 편지를 보내 가르침을 주었다. 그 가운데 가장 짧은 『빌레몬서』는 바울이 직접 세우지 않은 골로새 지역 교회의 지도자 빌레몬에게 보내는 편지다. 이 편지는 '아무것도 아닌 것들의 기쁨'을 복음으로 받아들인 그리스도인들이 일상적인 삶에서 어떤 변화를 추구해야 하는지를 보여준다. 또한 십자가에 달린 그리스도를 주님으로 믿는 에클레시아가 어떠한 종류의 공동체가 되어야 하는지도 알려준다. 오늘날 독자들이 보다 쉽게 읽을 수 있도록 내가 직접 『빌레몬서』 전문을 번역해보았다.

그리스도 예수의 포로여서 감옥에 갇힌 바울과 우리 형제 디모데가, 우리가 사랑하는 형제이자 동역자 빌레몬과 자매 압비아와 우리의 전우戰友 아킵보와 빌레몬 그대의 집에 모이는 교회에 이 편지를 씁니다. 우리 아버지 하느님과 예수 그리스도가 베푸시는 은혜와 평화가 여러분에게 있기를 바랍니다.

나는 기도할 때마다 빌레몬, 그대를 기억하면서 언제나 나의 하느님께 감사를 드립니다. 그대가 주 예수와 모든 성도들을 사랑하고, 그들에게 신실하다는 것을 들었습니다. 여러분 안에 있는 모든 선한 것을 알게 되면서 그대가 주 예수 및 성도들과 신실하게 사귀는 것이 그리스도를 향하도록 효력을 내게 되었습니다.

아! 빌레몬 형제, 그대의 사랑 덕분에 나는 큰 기쁨과 위로를 얻습니다. 그대 덕분에 성도들의 마음이 새 힘을 얻었기 때문이지요. 빌레몬 형제, 그대가 이러한 사람이기 때문에 내가 그리스도의 이름으로 아주 담대하게 그대가 마땅히 해야 할 일을 명령할 수도 있지만, 서로 사랑하는 사이에는 간곡히 부탁하는 편이 더 나을 것입니다. 나 바울은 이제 나이도 많고, 그리스도 예수의 포로여서 지금 감옥에 갇힌 몸입니다.

내가 내 아이를 위해 그대에게 간청합니다. 감옥에서 내가 낳은 아이는 오네시모입니다. '쓸모 있다'는 이름 뜻과 달리 오네시모는 이전에 그대에게 쓸모없었지요. 그러나 지금은 그대와 내게 모두 쓸모 있습니다. 내가 내 심장과 다를 바 없는 그를 그대에게 돌려보냅니다. 복음을 전하다가 감옥에 갇힌 나를 돌보게 하려고 그대를 대신해 그를 내 곁에 두고자 했습니다. 그러나 그대의 동의 없이 나는 아무것도 하고 싶지 않습니다. 그대가 마지못해 억지로 선을 행하기보다는 스스로 원해서 해야 하기 때문입니다.

아마 오네시모가 그대를 잠시 동안 떠난 것은 그대가 영원히 그를 데리고 있게 하기 위해서인지도 모릅니다. 그는 더이상 종이 아닙니다. 종 이상입니다. 곧 사랑받는 형제입니다. 특별히 내게 그러합니다. 그러니 인간적으로도, 주님 안에서도 그대에게는 더욱 그러해야 합니다. 그대가 나를 동역자로 여긴다면 나를 맞듯 그를 맞아주십시오. 그가 그대에게 잘못한 것이 있거나 빚진 것이 있으면 그것은 내가 갚겠습니다. 나 바울이 내 손으로 직접 차용증을 씁니다. "내가 갚겠다." 그대가 내게 빚지고 있다는 것을 이 자리에서 나는 그대에게 말하지 않겠습니다.

빌레몬 형제! 나는 주님 안에서 그대에게 호의를 바랍니다. 그리스도 안에서 나의 마음에 새 힘을 불어넣어주세요. 그대가 내 말에 순종하리라 확신하고 이 글을 그대에게 씁니다. 나는 그대가 내가 말한 것 이상으로 할 줄로 압니다. 내가 묵을 방도 준비해주세요. 여러분의 기도에 힘입어 내가 여러분에게 갈 수 있기를 바랍니다.

그리스도 예수 덕분에 나와 함께 감옥에 갇히기로 한 에바브라도 그대에게 안부를 전합니다. 마가, 아리스다고, 데마, 누가 등 나의 동역자들도 안부를 전합니다.

주 예수 그리스도의 은혜가 그대들의 영혼과 함께하기를 기원합니다.

이 편지는 불과 335개의 단어로 되어 있지만 이 짧은 편지에 대한 해석서가 400-500쪽에 달하기도 한다. 여기서 다 다룰 수 없을 만큼 논쟁도, 이론異論도 많다. 다만 나는 간략히 편지 배후에 숨은 이야기를 재구성하고 그 의의를 찾아보려 한다.

『빌레몬서』에는 세 명의 주요 인물이 등장한다. 우선 편지를 보내는 바울이다. 그는 사도로서 특별한 권위를 주장한다. 그러나 빌레몬이 활동하는 교회를 직접 세우지는 않았기에 바울은 고린도 교회를 향해서처럼 교회의 '아버지'와 같은 지위를 내세울 수는 없었다. 대신 그는 두 가지 점을 뚜렷이 부각한다. 하나는 자신이 연장자라는 것이다.("나 바울은 이제 나이도 많고") 바울은 연장자가 존중받는 지중해 세계에서 자신의 연로함과 거기서 나오는 지혜와 경륜을 암시하며 말의 설득력을 높이려 한다.[44] 다른 하나는 자신이 그리스도를 전하다가 감옥에 갇혔다는 것이다.("그리스도 예수의 포로여서 감옥에 갇힌 바울") 그리스도에게 포로가 된 것처럼 매여 있기에 세상에서는 감옥에 갇힐 수밖에 없었다는 이 말은, 복음을 위해 삶의 중요한 부분을 기꺼이 희생하는 사람에게 주어지는 권위를 느끼게 한다. 바울은 자신의 권위를 언행일치와 살신성인에서 구한다.

두번째 주요 인물은 편지의 수신자 빌레몬이다. 빌레몬은 자신의 집을 개방하여 그곳에서 교회 모임을 열도록 한 인물이다. 그런 모임을 열 만한 집이라면 손님이 묵을 방은 물론이고 소박한 정원 정도는 딸린 집이어야 했다. 빌레몬은 노예도 소유했다. 어떤 상황인지는 확실하지 않으나 빌레몬은 바울을 통해서 예수를 그리스도로 믿었고, 바울과 친밀하게 사귀면서 역동적인 신앙인의 역할을 담당했던 것 같다. 바울은 그를 "사랑하는 형

이집트 피라미드에서 발견된 이 벽화는 노예를 눕혀놓고 막대기로 때리는 장면을 묘사한다. 노예는 어떤 반항도 하지 못한다. 다만 다른 노예가 무릎을 꿇고 주인에게 용서와 자비를 구하고 있다. 아마 매맞는 노예의 가족일 터이다. 이는 모든 노예가 처한 상황은 아니겠지만 계급사회에서 노예가 처한 현실을 잘 그리고 있다.

제이자 동역자"라 부른다. 이 편지에서 바울은 빌레몬에게 "그리스도의 이름으로 아주 담대하게 그대가 마땅히 해야 할 일을 명령할 수도 있지만, 서로 사랑하는 사이에는 간곡히 부탁"하기로 한다. 강제나 명령이 아니라 서로 사랑하기에 간곡히 부탁하려는 바울의 자세는 빌레몬도 따라야 하는 모범이다. 바울은 빌레몬도 "마지못해 억지로 선을 행하기보다는 스스로 원해서" 행해야 한다고 촉구한다.

세번째 인물은 오네시모다. '쓸모 있는'이라는 뜻의 '오네시모'는 전형적인 노예의 이름이다. 아마도 오네시모의 부모가 노예였을 확률이 크다. 노예 부부의 자식은 그 부부를 소유한 주인의 노예가 된다. 노예는 주인의 도구이고, 도구의 가장 큰 덕목은 쓸모다. 그런데 오네시모는 "'쓸모 있다'는 이름 뜻과 달리" 과거 빌레몬에게 "쓸모없던" 노예다. 그런데 이제는 바울 자신과 빌레몬 모두에게 쓸모 있게 되었다면서 바울은 이렇게 부탁한다. "그[오네시모]는 더이상 종이 아닙니다. 종 이상입니다. 곧 사랑받는 형제입니다. 특별히 내게 그러합니다. 그러니 인간적으로도 주님 안에서도 그대에게는 더욱 그러해야 합니다. 그대가 나를 동역자로 여긴다면 나를 맞듯 그를 맞아주십시오." 이 편지가 쓰인 시점에 오네시모는 주인인 빌레몬을 떠나 바울과 함께 있는 상태였다. 감옥에 갇혀 있던 바울은 오네시모를 "낳았다." 이것은 빌레몬이 그러했듯, 오네시모도 바울을 통해 그리스도인이 되었다는 뜻이다. 그리스도인이 된 오네시모를 바울은 주인인 빌레몬에게 돌려보내면서 이 같은 부탁을 한 것이다.

이상의 정보를 통해 세 사람의 사연을 다음과 같이 유추해볼 수 있다. 오네시모는 자신의 주인이자 그리스도인인 빌레몬 집을 떠나 감옥에 있는 바울 옆에 있었다. 오네시모는 빌레몬에게 모종의 피해를 주었는데, 바울은 그리스도인이 된 오네시모를 빌레몬에게 돌려보내면서 오네시모 때문에 빚어진 손해가 있다면 자신이 대신 갚을 테니, 돌아가는 오네시모를 더이상 종이 아닌 '사랑받는 형제'로 대해달라고 요청한다. 아마도 오네시모는 이 서신을 들고 바울의 동료 중 누군가와 동행하여 빌레몬에게 돌아갔을 것이다.

여기서 자연스럽게 몇 가지 의문이 뒤따른다. 처음에 오네시모는 어떤 이유에서 자신의 주인을 떠났을까? 전통적인 이론은 다음과 같다. 노예 오네시모가 주인 빌레몬의 것을 훔쳤거나 그에게 피해를 주고 도망쳤고, 그런 노예를 발견한 사람은 주인에게 노예를 되돌려주어야 한다는 로마법에 따라, 바울은 오네시모를 빌레몬에게 돌려보낸다. 그러나 동시에 바울은 그리스도인이 된 오네시모를 사랑받는 형제로 맞아들이라고 요청한다. 이 경우 감옥에 있는 바울은 어떻게 오네시모를 만났을까? 두 가지 가능성이 있다. 하나는 오네시모가 우연히 바울과 같은 감옥에 갇혔으리라는 것이다. 다른 하나는 도망친 오네시모가 바울과 관련 있는 그리스도인들을 만났고 마침 빌레몬과 돈독한 사이였던 바울을 소개받았으리라는 것이다. 굳이 고르라면 후자가 더 그럴듯해 보인다.

최근에 새로운 주장도 나왔다. 오네시모는 빌레몬의 사업이나 가계家計를 돌보는 노예였는데, 빌레몬과 의견 충돌이 있었고 그 과정에서 빌레몬에게 손해를 끼쳤을 것이라는 가정이다. 이렇게 충돌과 손해가 발생한 경우, 노예는 주인과 잘 아는 사람에게 중재나 협조를 요청할 수 있는데, 오네시모는 빌레몬이 존경하는 바울을 '아미쿠스 도미니amicus domini(주인의 친구)'로 보고 찾아갔다. 바울과 대화를 나누면서 오네시모는 예수에 대한 믿음을 가지게 되었고, 바울은 감옥에 갇힌 자신을 돌봐주던 오네시모를 주인 빌레몬에게 돌려보냈다는 것이다.

편지 내용과 당시 로마 사회의 상황 및 법체계를 고려하면 전통적인 이론보다는 비교적 최근의 이론이 더 현실성 있어 보인다. 오네시모를 더이상 종이 아니라 사랑하는 형제로 받아들이라고 빌레몬에게 요청하면서 바울이 최종적으로 원한 것은 무엇이었을까? 나아가 바울은 "나는 그대[빌레몬]가 내가 말한 것 이상으로 할 줄로 압니다"라고 말하면서, 자신이 골로새 지역을 방문할 때 "묵을 방도 준비해"달라고 요구한다. 바울이 기대한

'내가 말한 것 이상'은 "복음을 전하다가 감옥에 갇힌 나를 돌보게 하려고 그대를 대신해 그를 내 곁에 두고자 했습니다"라는 말에 암시된 대로, 바울이 복음을 전하는 사역에 오네시모를 동참시켜달라는 것으로 추측할 수 있다. 비록 바울이 직접 쓴 편지가 아닐 수 있다는 평가를 받지만 바울의 이름으로 되어 있는 『골로새서』에서 오네시모는 바울의 동역자로 그와 동행하다가 골로새 지역을 방문하는 것으로 나온다.("사랑받는 신실한 형제인 오네시모도 같이 보냅니다. 그는 여러분의 동향인입니다. 그들이 이곳 사정을 모두 여러분에게 알려드릴 것입니다."『골로새서』 4:9) 오네시모가 사랑받는 형제로 바울과 동역하면서 주인인 빌레몬 곁을 떠나도록 해달라는 요청은 오네시모를 노예 신분에서 해방시켜 달라는 뜻이다.

오네시모를 자신 곁에 두게 해달라는 이런 요청은 매우 오래된, 그러나 유대인이면 누구에게나 익숙한 이야기를 떠올리게 한다. 바로 출애굽 이야기다. 이집트에서 하층민을 이루던 히브리인들[45]은 강제노역으로 고달프게 살아갔다. 히브리인들은 자신들의 고통을 야훼 하느님에게 호소했고, 야훼는 모세를 지도자로 보내 그들을 구원하려 했다. 모세는 히브리인으로 태어났으나 이집트 공주의 양자로 성장한다. 이후 우여곡절 끝에 모세는 광야에서 히브리인들의 하느님 야훼를 만난 뒤, 히브리인 구원의 사명을 띠고 파라오(기원전 13세기에 이집트를 통치하던 람세스 2세로 추정) 앞에 나아가라는 야훼의 명령을 받는다. "너는 이스라엘의 장로들을 데리고 이집트의 임금에게 가서 '히브리 사람의 주 하느님이 우리에게 나타나셨으니, 이제 우리가 광야로 사흘 길을 걸어가서, 주 우리의 하느님께 제사를 드려야 하니, 허락하여 주십시오' 하고 요구하여라."(『출애굽기』 3:18) 하느님께 제사, 곧 예배를 드려야 하니 히브리인들을 놓아달라는 것이 모세의 요구였다.

물론 빌레몬은 파라오가 아니며, 오네시모가 히브리인들과 비슷한 고통을 겪는 것도 아닌 듯하다. 그러나 바울은 주 우리의 하느님께 예배드리기 위해 히브리 노예들이 풀려나야 하듯, 오네시모가 하느님의 복음을 전파하기 위해 어떤 조건에 놓여야 하는지를 빌레몬에게 에둘러 묻고 있다. 만약 빌레몬이 오네시모를 끝까지 노예 상태에 묶어놓는다면 그것은 히브리인들을 잡아두었던 파라오의 죄악과 다를 바 없게 된다. 그러나 빌레몬의 입장에서 이 요청은 결코 간단한 일이 아니었다. 로마 제국 시대에 가족^{familia}은 지금의 핵가족과는 다른 대가족 제도였고, 대가족은 나름의 엄격한 위계와 질서를 가지고 있었다. 그중에서도 가족 제도의 정점에 있는 가부장^{paterfamilia}은 한 가족의 권위와 명예를 상징한다. 한 가족에 속한 노예가 주제넘게 행동하거나 자녀들이 예법을 어기면 그것은 가부장을 모욕하는 일이었다. 이런 문화적 상황에서 도망나온 노예 오네시모는 가부장 빌레몬에게 대단히 큰 수치를 안긴 셈이었다. 더군다나 계급사회의 축소판이라고 할 수 있는 가족의 위계질서가 파괴되는 것은 당시 사람들의 근본적인 세계관을 흔드는 일이었다. 가족의 위계는 다름 아닌 세상의 위계인데, 주인-노예 관계에서 형제-형제 관계로 바뀌는 경우는 거의 없었다. 주인이 노예를 어여삐 보아 해방시켜준다고 해도 둘 사이에 근원적 평등을 말하기는 힘들었다. 가부장에게 수치를 안긴 오네시모를 처벌하지 말고 도리어 형제로 받아들이라는 바울의 요청은 빌레몬의 입장에서 받아들이기 매우 어려운 것이었다.

그런데 바울이 전하려 한 복음의 핵심이 바로 여기에 있다. 십자가에 달린 그리스도를 전파하는 일은 이 세상의 질서를 상대화시킨다. '아무것도 아닌 것들'의 기쁨이 되는 복음은 근본적으로 이 세상을 지배하는 체제를 가변적이고 임시적인 것으로 여기게 한다. 노예 오네시모는 부차적 정체성이다. '그리스도 안에서' 혹은 에클레시아 안에서 그에게 가장 우선하는 정체성은 예수의 제자, 사랑받는 형제 오네시모다. 이것은 바울이 그의 시민권을 대하는 태도에서 이미 확인한 적 있다. 『사도행전』에 따르면 바울은 로마 시의 시민권자이자 다소 시의 시민권자였지만 스스로 '하늘'의 시민권자로 살아가려 했다. 이 땅에서는 비록 노예이지만, 오네시모 역시 '하늘 시민권자'다. 하늘 시민권자라는 가장 큰 영예는 이 세상의 명예로운 신분과 수치스러운 신분 모두를 훌쩍 넘어선다. 아감벤은 바울의 이러한 방식을 "메시아적인 삶"이라고 표현했다. "메시아 안에서 산다는 것은 '~이 없는 것처럼'의 형태 안에 존재하는 것으로, 모든 법률적이고 사실적인 소유권(할례를 받은/할례를 받지 않은, 자유인/노예, 남자/여자)의 박탈을 의미한다"라고 설명했다.[46] 바울은 빌레몬에게 하늘 시민이 된 오네시모를 그리스도 안에서 사랑받는 형제로 받아들여야 한다고 가르친다. 이것은 에클레시아가 계급질서를 넘어서는 동기애의 공동체임을 보여준다.

금산교회의 사례

이 평등과 동기애가 이 땅의 수많은 '어리석은 것들', '약한 것들', '비천한 것들과 멸시받는 것들', '아무것도 아닌 것들'을 감동시켰다. 자연스럽고 지당하며 원래부터 그러하다는 신분 질서가 십자가에 달린 그리스도를 따르는 공동체 안에서는 완전히 와해되고, 동기애에 기반한 공동체가 형성된다. 이 세상의 질서에 아랑곳 않는 예수 공동체에는 해방뿐 아니라 새 세상을 향한 열정도 있었다. 이 시대의 질서에 얽매이지 않고, 그것을 넘어서는 연대와 동기애가 『빌레몬서』의 정신이다.

한국 기독교사에서도 이런 정신이 구현된 사례가 적지 않다. 그중 한 가지 예가 이자익(1882-1961)[47]과 조덕삼(1867-1919) 사이의 일화이다. 이자익은 경남 남해군에서 태어났으나 워낙 가난하여 구걸하다시피 행상을 하며 이곳저곳 떠돌다가, 전라북도 김제의 소문난 부자 조덕삼의 집에 머슴으로 살게 되었다. 이자익은 말을 돌보는 마부였는데, 선교사 L. B. 테이트(한글 이름 최의덕)가 조덕삼의 집을 전도하여 집안이 예수를 믿게 되자 이자익도 신자가 되었다. 이때부터 이자익은 교회에서 인품과 성실함, 신앙으로 두각을 나타냈고, 1906년 주인과 머슴이 함께 세례를 받았다. 일종의 입문의식인 세례를 주인과 머슴이 같이 받는다는 것은 당시 주인 입장에서 달가웠을 리 없었다. 그러나 조덕삼은 전혀 개의치 않았다. 일주일 뒤 두 사람은 테이트가 세운 금산교회에서 '집사'에 임명되고, 뒤이어 '영수' 직책으로 올라간다. 금산교회가 성장하면서 '장로'를 뽑게 되었는데, 장로 직책은 개신교, 특히 금산교회 같은 장로교에서는 평신도 가운데 제일 높은 직책이었고, 교회 내 권위에서 상당 부분 목사에 버금가는 지위였다. 조덕삼과 이자익은 나란히 장로 후보에 올랐다. 장로는 교회의 대표자이기 때문에 장로교에서는 투표로 선출하게 되어 있었다. 그런데 투표 결과 이자익이 조덕삼보다 많은 표를 얻어 장로가 되었다.

이것은 사실 매우 충격적인 일이 아닐 수 없었다. 주인과 머슴이라는 신분 차이는 물론 경제력도 도저히 비교가 되지 않았고, 나이 역시 조덕삼이 열다섯 살이나 많았다. 그렇다고 조덕삼이 신망이 떨어지는 사람은 결코 아니며, 도리어 널리 존경을 받던 인물이었다. 그런데도 금산교회 교인들은 장로로 이자익을 뽑았다. 신분, 경제력, 나이 등 이 모든 세상의 질서가 '십자가에 달린 그리스도를 믿는 공동체'에서는 상대화된 것이다. 그들에게 중요한 것은 '아무것도 아닌 것들'의 기쁨 속에 사는 공동체에 필요하고 적합한 지도자였다. 장로 이자익과 집사 조덕삼의 관계는 이제 교회에서는 조덕삼이 이자익의 설교를 듣기도 하고, 그의 가르침에 따라 공동체를 섬겨야 한다는 것을 의미했다. 조덕삼은 스스로도 놀라워 마지않던 교인들에게 이렇게 말했다고 전해진다. "우리 금산교회 교인들은 참으로 훌륭한 일을 해냈습니다. 저희 집에서 일하고 있는 이자익 영수는 저보다 신앙의 열의가 대단합니다. 여러분 감사합니다."

'금산교회'라는 에클레시아는 대한제국 말기인 1909년 무렵 전북 김제에 있었지만, 단지 그 땅, 그 시대의 산물은 아니었다. 그 에클레시아의 정신은 로마와 다소의 시민권을 부차적인 것으로 여기고 대신 하늘 시민권을 자신의 정체성으로 삼았던 바울과 다를 바 없는 것이다. 조덕삼도, 이자익도, 금산교회 교인들도 모두 조덕삼의 발언대로 "훌륭한 일"을 해냈다. 조덕삼은 이자익을 평양신학교에 입학시켜 계속 후원해주었고, 마침내 이자익은 목사가 되었다. 훗날 이자익은 대한예수교 장로회 역사상 최초로 세 번 총회장을 지냈다.

3. 성만찬과 일상의 구원

공동체의 제의

바울의 에클레시아는 당연히 '종교적' 특성이 두드러진다. 종교
를 편의상 "거룩한 것과의 만남 혹은 연합을 통해 삶을 실현할
수 있다고 약속하는 문화적 상징체계"라고 정의한다면,[48] 종교에
는 '거룩한 것', 곧 이 세상을 초월해 있는 것을 이 세상과 매개
하는 제의가 필요하기 마련이다. 제의는 종교의 핵심 가르침을
오감으로 체험하게 하는 일종의 공연행위로서 그 참여자들에게
세계를 보는 시선과 윤리를 가르친다. 바울의 에클레시아에서는
세례와 성만찬 두 가지가 주요한 제의였다. 세례는 예수 운동의
독창적인 발명품이 아니었다. 세례 운동으로 널리 알려진 사람
은 예수가 아니라 '세례자 요한'이었다.

복음서와 고대 유대의 기록에 따르면 세례자 요한은 유대 광야에 흐르는 요단 강에서 하느님께로 돌아가라고 선포하면서 사람들에게 세례를 주고, 동시에 정의를 외친 인물이다. 이 세례는 "죄를 용서받게 하는 회개의 세례"(『마가복음서』 1:4)였는데, 광야에서 행해진 이런 제의는 동시대 유대인들에게 매우 충격적이었다. 죄를 용서받는 제의는 예루살렘의 성전에서 제물을 바치고 지내야 하기 때문이다. 그런데 제물도 없이, 성전도 아닌 곳에서 제사장도 아닌 요한이 사람들에게 세례를 해주어 죄를 용서받는 제의를 행한 것이다. 이것은 성전을 중심으로 유대 사회를 통제하고 통치하던 성전 체제에 대한 근본적인 도전이었다. 오늘날로 치면 법정 밖에서 재판을 열고, 정부가 아닌 단체가 정부 노릇을 하며, 국회가 아닌 곳에서 법을 제정해 정당함을 주장한 것과 유사하다고 할 수 있다.

세례의 기원은 알려져 있지 않으나 그 의미는 복잡하고 풍요롭다. 아주 간략하게 말하면, 세례에는 한 공동체에 '입문'한다는 의미와 새롭게 '탄생'한다는 의미가 함께 들어 있다. 과거 죄와 악의 세력에 붙잡혀 살다가 새롭게 다시 태어나 하느님의 언약 백성이 된다는 의미였다.[49] 예수는 세례자 요한에게 세례를 받았고, 예수의 제자들 가운데는 세례자 요한의 제자 출신도 있었다. 예수와 그 제자들도 사역 활동중에 세례를 주었다. 『사도행전』에 따르면 바울 역시 세례를 주기도 하고 받기도 했다. 바울의 에클레시아도 세례식을 입문식으로 사용했다.

한편 세례식만큼 혹은 그 이상으로 중요한 에클레시아의 제의는 '성만찬', 곧 '주의 만찬'이다. 세례가 한 개인에게 일회적으로 일어나는 제의라면 성만찬 혹은 주의 만찬은 반복적으로 행하는 제의였다. 세례가 요한이 널리 퍼뜨린 제의라면 성만찬은 예수가 제정하고 바울이 매우 중요하게 전한 제의였다.

성만찬은 거룩한 것이 에클레시아에 임재하고, 그 에클레시아가 거룩한 하나의 공동체로 늘 새롭게 태어나게 해주는 제의였다. 바울은 이렇게 쓴다.

> 내가 여러분에게 전해준 것은 주님으로부터 전해받은 것입니다. 곧 주 예수께서 잡히시던 밤에, 빵을 들어서 감사를 드리신 다음에, 떼시고 말씀하셨습니다. "이것은 너희를 위하는 내 몸이다. 이것을 행하여 나를 기억하여라." 식후에, 잔도 이와 같이 하시고서, 말씀하셨습니다. "이 잔은 내 피로 세운 새 언약이다. 너희가 마실 때마다 이것을 행하여, 나를 기억하여라." 그러므로 여러분이 이 빵을 먹고 이 잔을 마실 때마다, 주님의 죽으심을 그가 오실 때까지 선포하는 것입니다.(『고린도전서』11:23-26)

제의는 공동체의 세계관, 곧 상징세계의 기틀을 세우고, 공동체의 정체성을 밝혀주며, 자기이해와 행동양식을 가르친다. 바울은 성만찬이 얼마나 중요한지 강조하기 위해 "여러분에게 전해준 것[성만찬]은 주님으로부터 전해받은 것"이라고 알린다. 그리고 그것이 "주 예수께서 잡히시던 밤에" 제정되었다고 밝힌다. 바울의 말대로 성만찬은 예수의 생애에서 비롯되었다. 무엇보다도 예수의 '사랑의 정치학'의 핵심에 만찬이 있었다. 예수는 '세리들', '죄인들'과 함께 먹고 마셨다. 세리와 죄인을 유

대인 공동체에서 배제함으로써 하느님 앞에서 정결을 유지하고
자 했던 바리새파 사람들은 이를 신랄하게 비판했다. 바리새인
들은 예수의 제자들에게 힐난 섞인 질문을 했다. "저 사람은 왜
세리들과 죄인들과 어울려서 음식을 먹습니까?"(『마가복음서』
2:16) 지금도 그러한 정서가 남아 있지만, 음식을 함께 나누는
것은 매우 의미심장한 일이다. 우리말에서도 가족을 '식구食口',
즉 함께 밥을 먹는 사람이라 부르지 않는가. 세리나 죄인과 함께
먹고 마시면서 예수는 그들 역시 하느님의 언약 백성으로 포용
하려 했고, 바리새인들은 이에 극렬히 반대했다. 바리새인들의
비난에 대해 예수는 "건강한 사람에게는 의사가 필요하지 않으
나, 병든 사람에게는 필요하다. 나는 의인을 부르러 온 것이 아
니라 죄인을 부르러 왔다"(『마가복음서』 2:17)라고 대응했다.
예수는 바리새인들과는 달리 세리와 죄인을 "병든 사람", "죄
인"이라 단정하는 데 그치지 않고, 궁극적으로 그들을 언약 백
성으로 되돌리고자 했다.

　우리나라에서 탄생하고 발전한 민중신학은 세리 및 죄인과 밥
상을 함께하는 예수의 운동을 두고 '밥상공동체 운동'이라 불렀
다. 이 운동의 핵심 정서는 사랑과 포용, 기쁨과 나눔의 잔치였다.
예수의 밥상은 누구에게나 열린 잔치였고, 이 잔치는 누구도 배
척하지 않았다. 잔치에 참석하는 사람들은 이제부터 이 잔치에
걸맞게 사랑과 포용, 그리고 기쁨과 나눔에 따라 살아가기로 결
심하는 사람들이었다. 겸상할 사람과 그렇지 않은 사람을 엄격히
나누는 분리와 지배의 밥상이 갖는 통제와 권위, 위계의 에토스
를 가진 사람은 이 밥상의 '더러움'을 견딜 수 없을지 모른다.[50]

'오병이어'의 상징성

예수의 밥상공동체가 가장 장대히 펼쳐진 사건은 '오병이어'의 기적이다. 네 복음서는 각기 다른 시선을 가지고 있기 때문에 같은 사건을 보도해도 다른 각도에서 사건을 해석한다. 또 예수가 일으킨 기적 가운데서도 각자가 중요하다고 선택한 기적을 기록한다. 그러나 오병이어 기적만큼은 유일하게 네 복음서에 모두 기록되어 있다. 이 기적이 그만큼 중요하다는 뜻인데, 그 초점은 단지 다섯 개의 빵과 두 마리의 물고기로 남자 어른만 5천 명을 먹였다는 기적적 능력에 있는 것이 아니다. 오병이어 사건의 의미를 제대로 살피려면 그 배경부터 먼저 알아보아야 한다. 오병이어 기적은 '출애굽' 이야기를 배경으로 한다. 이집트를 탈출한 히브리인들은 이스라엘이라는 언약 백성으로 새롭게 태어나고 약속의 땅으로 들어가는 긴 과정에서 음식이 턱없이 부족한 현실에 직면했다. 히브리인들이 헤맨 광야는 사막과 다를 바 없는 곳이었기에 그들 중 일부는 이집트에서 노예 생활하며 먹던 고기와 마늘을 그리워했다. 심지어 이집트의 고기 가마 옆을 지키던 노예 생활이 자유인으로 광야에서 굶는 것보다 낫다고 불평했다. 그때 야훼가 하늘로부터 양식을 내려주었다. 달콤한 과자 같은 '만나'('만나'는 '이게 무엇인가?'라는 뜻이다. 이스라엘 사람들이 광야에서 받은 양식을 보고 물은 물음이 그 먹을거리의 이름이 되었다)와 메추라기다. 야훼가 광야에서 음식을 내린 것은 야훼의 돌봄과 능력을 동시에 나타내는 기적이었다. 바로 이 이야기가 오병이어 사건의 배경이 된다.

이렇게 배경이 되는 구약 이야기를 알아야만 예수의 말과 행동에 넘쳐나는 풍부한 상징과 의미가 제대로 파악되는 경우가 있는데, 오병이어 이야기도 마찬가지다. 예수의 가르침과 기적에 갈급하여 뒤를 따라다니던 수많은 무리는 저녁이 되어서도 흩어질 기미가 보이지 않았다. 날은 이미 저물었고 제자들은 먹을거리가 없어 굶고 지쳐 있는 그들을 걱정한다. 예수는 그렇게 "큰 무리를 보시고, 그들이 마치 목자 없는 양과 같으므로, 그들을 불쌍히 여기셨다."(『마가복음서』 6:34) 목자 없는 양, 이것이 광야에서 헤매는 무리를 보는 예수의 심정이었다. 그들은 목자가 없이 이곳저곳 방랑하면서 들짐승의 위험과 궁핍과 핍절의 현실을 살아가고 있었다. 예수는 야훼 하느님께 감사의 기도를 드린 후에 오병이어를 가지고 남자 어른만 5천 명을 먹이는 기적을 일으킨다. 어떻게 가능했는지는 알 수 없다. 그러나 이 충격적인 기적에 담긴 뜻은 의미심장했다. 출애굽 이야기에서 광야를 헤매던 이스라엘에게 음식을 마련해주었던 그 야훼 하느님의 돌봄과 능력이 예수와 함께한 것이다. 광야에서 주린 배를 움켜쥐고 눈물을 흘리는 이들의 구원자는 로마 황제가 아니라 광야에 함께 있는 예수였다.

예수의 살과 피

『요한복음서』는 예수가 일으킨 오병이어 기적의 의미를 더 심화한다. 예수는 사람들에게 썩어 없어질 빵을 얻으려 일하지 말고,

영생을 주는 생명의 양식을 얻기 위해 일하라고 가르친다. 사람들이 그 생명의 빵을 달라고 요청하자 예수는 유대인들을 포함해 그 시대 문명인이라고 자처하는 어느 누구도 쉽게 받아들이지 못할 말을 한다. "내가 생명의 빵이다."(『요한복음서』 6:48) 예수는 자신의 살이 생명을 주는 빵이고, 자신의 피가 생명의 음료라고 가르친다.

> 내가 진정으로 진정으로 너희에게 말한다. 너희가 인자人子[51]의 살을 먹지 아니하고, 또 인자의 피를 마시지 아니하면, 너희 속에는 생명이 없다. 내 살을 먹고, 내 피를 마시는 사람은 영원한 생명을 가지고 있고, 마지막 날에 내가 그를 살릴 것이다. 내 살은 참 양식이요, 내 피는 참 음료이다. 내 살을 먹고, 내 피를 마시는 사람은 내 안에 있고, 나도 그 사람 안에 있다. 살아계신 아버지께서 나를 보내셨고, 내가 아버지 때문에 사는 것과 같이, 나를 먹는 사람도 나 때문에 살 것이다. 이것은 하늘에서 내려온 빵이다. 이것은 너희의 조상이 먹고서도 죽은 그런 것과는 같지 아니하다. 이 빵을 먹는 사람은 영원히 살 것이다.(『요한복음서』 6:53-58)

사람의 살을 먹고, 피를 마시라는 말은 자칫 식인 풍습, 곧 카니발니즘으로 들릴 수 있다. 실제로 로마의 작가들은 기독교의 성만찬 제의를 식인 제의라고 호도했다. 동물의 피로 된 요리를 만들지도 먹지도 않는 유대인들에게 예수의 말은 충격적인 선언이었다. "예수의 제자들 가운데서 여럿이 이 말씀을 듣고 말하기를 이 말씀이 이렇게 어려우니 누가 알아들을 수 있겠는가?

했다."(『요한복음서』 6:60) 당연한 반응이었다. 예수의 이 선언이 무슨 뜻인지 해명하려는 작업은 기독교 역사에서 줄곧 진행되어온 일이다.

예수의 살을 먹고 피를 마시라는 요청은 당연히 실제 예수의 살과 피를 마시라는 의미가 아니다. 오해한 유대인들은 예수의 말이 실제 살과 피를 가리킨다고 생각했지만 그렇게 할 수는 없는 노릇이다. 살과 피는 은유적 표현으로서 한 사람 전체를 의미한다. 그러니 예수의 살을 먹고 피를 마시라는 주문은, 마치 빵을 꼭꼭 씹고 물을 마시듯 그렇게 예수의 모든 것을 온몸으로 받아들이라는 뜻이다. 예수의 모든 것은 결국 그의 삶이고, 그의 삶은 그의 언행에 나타나기 마련이다. 예수는 사람들에게 자신의 말을 실천하고, 자신의 행동을 삶의 기준으로 삼아 살아가라고 강력하게 요청한다. 그렇게 단지 입으로만이 아니라 십자가에 달린 그리스도를 본받아 하느님의 뜻, 곧 아무것도 아닌 것을 사랑하여 가치를 변화시키는 그 사랑으로 살아가는 사람은 예수와 한몸이 되는 놀라운 체험을 하게 된다. 곧 자신 안에 사는 그리스도를 발견하고, 자신이 그리스도 안에 있는 연합 혹은 합일의 기쁨에 도달한다. 그렇게 예수와 하나된 사람은 영원을 살아가게 하는 생명을 체험하며, 그 생명의 힘으로 살게 된다. 예수는 오로지 십자가를 향해 살고 마침내 그곳에 도달하여 죽었으나, 부활한 그 생명의 힘이 제자들에게도 가능하리라고 생각했고, 그 생명의 힘은 다른 길이 아니라 자신이 걸어간 그 길을 따라 걷는 데 있다고 믿었다. 그러기 위해서는 예수의 살을 먹고 피를 마셔서 그의 생명의 능력을 함께 나누어야 하며, 성만찬은

174

아무것도
아닌 것들의 기쁨

바로 그것을 보여주는 제의였다.

성만찬이 얼마나 중요한지는 예수가 이 땅에서 산 마지막 날, 마지막으로 제자들과 함께한 일이 성만찬인 데에서도 드러난다. 『마가복음서』는 마지막 만찬 장면을 다음과 같이 기록한다.

> 그들이 먹고 있을 때에, 예수께서 빵을 들어서 축복하신 다음에, 떼어서 그들에게 주시고 말씀하셨다. "받아라. 이것은 내 몸이다." 또 잔을 들어서 감사를 드리신 다음에, 그들에게 주시니, 그들은 모두 그 잔을 마셨다. 그리고 예수께서 말씀하셨다. "이것은 많은 사람을 위하여 흘리는 나의 피, 곧 언약의 피다. 내가 진정으로 너희에게 말한다. 이제부터 내가 하느님의 나라에서 새것을 마실 그날까지, 나는 포도나무 열매로 빚은 것을 다시는 마시지 않을 것이다." 그들은 찬송을 부르고서, 올리브 산으로 갔다.(『마가복음서』14:22-26)

이 본문은 우리가 이미 살펴본 『고린도전서』 및 『요한복음서』의 본문과 일맥상통한다. 예수는 빵과 물처럼 자신의 살과 뜻, 곧 삶의 전부를 '받아 먹고', '받아 마시라'고 가르친다. 우리가 지금까지 논의한 바에 따라 이해할 때 본문의 맨 마지막 구절 "그들은 찬송을 부르고서, 올리브 산으로 갔다"의 뜻이 비로소 드러난다. 예수는 몇 시간 후 올리브 산에서 자신이 잡힐 것이고, 십자가의 고통이 들이닥칠 것을 알았다. 제자들도 무엇인가 거대한 고통과 수치가 임박했음을 짐작했다. 그러나 그들은 '찬송', 곧 하느님의 뜻을 높이고 기리는 노래를 부르면서 죽음과 고통과 수치가 일어날 올리브 산으로 장엄하게 나아갈 수 있었다.

바울은 자신이 세우는 에클레시아마다 예수가 제정한 성만찬을 알렸다. 성만찬은 에클레시아가 그저 인간들의 뜻을 모으는 자발적 모임이나 경제적, 정치적 목적을 추구하는 이익 집단에 머물지 않음을 단적으로 보여주는 제의였다. 에클레시아는 십자가에 달린 예수의 길을 따라가면서, 예수의 살과 피를 먹고 마시는 공동체였다. 그들은 함께 모여 빵을 나누어 먹고, 포도주를 나누어 마시면서 예수가 잡히던 밤을 기억한다. 십자가형으로 가는 그 밤에도 예수는 제자들과 모여 앉아 마지막을 보낸다. 거기서 예수는 하느님께 감사를 드리고 난 뒤, 마치 자기 몸을 부수듯 빵을 떼어 제자들에게 나누어준다. 그와 같이 자기 몸도 부서지겠지만, 십자가의 길, 곧 세상의 악과 하느님의 사랑을 드러내는 그 길을 가야 한다는 뜻이었다. 그러니 그것은 앞으로 이어질 제자들의 삶을 위한 제의이기도 했다. 그래서 예수는 이렇게 말한다. "이것은 너희를 위하는 내 몸이다. 이것을 행하여 나를 기억하여라."(『고린도전서』 11:24)

제자들은 십자가로 가는 길에 앞서 자기 몸을 부수어 제자들을 먹인 예수를 기억해야만 한다. 빵을 먹고 난 후에 예수는 다시 포도주가 담긴 잔을 제자들 앞에서 높이 든다. 그리고 이렇게 말한다. "이 잔은 내 피로 세운 새 언약이다. 너희가 마실 때마다 이것을 행하여, 나를 기억하여라."(『고린도전서』 11:25) 잔에서 포도주를 비우듯 예수의 몸에서 피가 비워질 것이다. 예수의 피로 세운 새 언약은, 십자가를 따라 사는 사람은 결코 죽음의 세력에 패배하지 않고 하느님에게 인정받는 하느님의 백성이 된다는 것이다. 예수는 자신의 피를 직접 흘려 제자들에게 그 언약의 선구자임을 보여준다. 성만찬의 제의에서 제자들은 예수의 피를 마신다. 그러니 그 제의를 행할 때마다 예수를 기억해야만 한다. 예수는 십자가에서 그의 삶이 끝나지 않는다는 신앙 속에서 피 흘리기를 마다하지 않았다. 그것은 제자들에게 생명의 용기를 주는 희생의 피다. 바울의 에클레시아는 빵을 나누어 먹고 잔을 들어 마심으로써, 예수가 올 때까지 예수의 죽음을 기억하고 선포한다.

'알레고리'는 인간의 사유 방식 가운데 하나로, 일상적인 것을 영원한 것과 연결하는 사유다. 빵과 포도주가 물질적인 몸에 생명의 힘을 주듯 예수의 살과 피는 영에 생명, 그것도 영원한 생명의 힘을 준다. 그 살과 피를 먹고 마시는 인간은 이 세상의 질서에 매여 누추하고 후줄근한 노예의 삶을 살지 않는다. 예수의 살과 피는 육을 죽이겠다는 협박에 굴복하지 않고 참 생명의 기쁨과 자유와 진리를 갈구하게 하고, 그 생명의 충동에 누구도 예상하지 못하는 힘을 준다. 그것은 예수가 그 사람 속에서 살지 않으면 도저히 있을 수 없는 힘이며 용기다. 예수의 영이 그 사람을 휘몰듯 하지 않으면 이해할 수 없는 강력한 힘이 예수의 살과 피를 먹고 마시는 사람에게 임한다. 바울의 에클레시아는 성만찬의 공동체였다. 그곳에 임한 성령의 힘을 바울은 이렇게 찬양한다. "그리스도 예수 안에서 생명을 누리게 하는 성령의 법이 당신을 죄와 죽음의 법에서 해방하여 주었기 때문입니다." (『로마서』 8:2)

4장

복음과 에클레시아의 윤리

바울의 윤리를 이야기할 때 신약학자들은 흔히 '직설법'과 '명령법'을 떠올린다. 직설법과 명령법은 바울이 쓴 편지의 구조에서 비롯된다. 대개 바울은 편지 전반부에 '사실'을 기록한다. 그의 신앙과 교회 전통 및 구약성서, 그리고 동료들의 신앙 고백 등이다. 편지 후반부에서는 신앙적 사실에 기초하여 어떻게 살아야 할지, 구체적으로 에클레시아에 닥친 문제를 어떤 기준과 원칙을 가지고 풀어나가야 할지를 조언한다. 전반부가 신학이라면 후반부는 윤리인 셈이다. 좋은 사례가 『갈라디아서』에 나온다. "그리스도께서 우리를 해방시켜주셔서, 자유를 누리게 하셨습니다. 그러므로 굳게 서서, 다시는 종살이의 멍에를 메지 마십시오."(5:1) 전반부에서 바울은 그리스도가 해방을 가져다주고 자유를 누리게 했다는 신앙적 진실을 선언한다. 그렇다면 이제 그 해방과 자유의 진실을 굳건히 믿고 서서 종살이의 멍에를 과감히 부수어야 한다.

따라서 바울이 제시하는 윤리는 기본적으로 이 세상의 질서에 아랑곳하지 않는다. 그의 복음이 이 세상의 가치 체계를 상대화하는 이상, 그 복음에 기초를 둔 그의 윤리가 이 세상의 윤리에 고분고분할 리 없다. 그러나 동시에 바울은 '현실'이라는 세상의 풍조를 철저히 외면하는 이상주의자가 아니다. 이상주의자는 자기의 꿈속에서 완벽한 세상을 그려낼지 모르지만 현실에서는 무력하기 마련이다. 바울은 그렇지 않았다. 바울은 움직이는 활동가, 조직가였고 공동체 지도자였다. 그는 현장을 떠나본 적이 없었다. 그는 이상을 현실 속에서 구현해내는 길을 고심했다. 바울의 에클레시아들은 이상과 현실 사이에서 여러 문제에 직면했다. 그럴 때마다 바울에게 문의했고, 바울은 편지를 써서 그들이 제기한 물음에 성실히 답했다. 그리고 그 답변에는 급진성과 섬세함이 동시에 담겨 있었다.

아무것도
아닌 것들의 기쁨

1. 가부장제를 벗어난 성평등

기독교와 가부장제

가부장제는 가부장家父長, 곧 가장권家長權을 가진 남자가 그 가족의 구성권과 지배권을 갖는 제도다. 고대 로마는 가부장제를 완고히 확립한 시대였다. 가부장은 가족 구성권이 있었기에 누구를 가족으로 받아들일지 말지를 결정할 수 있었다. 가령 가부장과 정식 부인 사이에 난 자식이라도, 가부장이 가족으로 받아들이지 않는다고 하면 가족이 되지 못한다. 때로는 딸이 태어나면 그 아이에게서 뒤돌아섬으로써 아이를 가족으로 받아들이지 않는다는 표시를 했다. 그러면 그 아이는 그대로 버려지거나 다른 집의 노예로 팔려갔다. 반대로 가부장이 길거리에 버려진 아이를 우연히 발견해 집에 데려와 가족으로 삼겠다고 선언하면,

그 아이는 그 집의 가족이 된다. 가부장제는 로마 제국을 다스리는 숨은 이념적 질서였다. 이에 따라 여성은 로마에서 공식 직책을 맡지 못했다.

기독교가 로마 제국의 공식 종교가 되기 전, 기독교를 체계화된 종교로 발전시키고자 했던 이들은 로마의 가부장 체제를 모델로 삼았다. 그러면서 여성은 기독교의 지도적 위치에서 철저히 배제되었다. 이후 기독교의 역사에서 공식 직책을 가진 여성 지도자는 존재하지 않았다. 서방 교회인 로마 가톨릭이나 동방 교회인 동방정교회 모두 아직까지 여성 사제가 없다. 여성 성직 聖職인 수녀는 수도자일 뿐 지도자가 아니다. 종교개혁을 통해 성립한 개신교(프로테스탄트)의 경우는 보다 다양하다. 로마 가톨릭의 예식과 종교개혁의 신학을 모두 존중하며 '중도의 길'을 내세우는 성공회[52]는 20세기 중반부터 여성 사제를 허용했다.

한국 개신교 역시 여성 목사가 있는 교단과 그렇지 않은 교단으로 나뉜다. 그러나 한국 개신교는 외국에 비해 스스로 '정통'과 '보수'를 내세우는 세력이 더 큰데, 이들은 여전히 여성에게 목사직을 주지 않는다. 교회에서 목사란 여러 역할과 기능을 담당하지만, 결국 그 교회 회중의 영적 지도자라 할 수 있다. 왜 여성은 교회의 지도자가 되지 못하는가? 이 질문에 대해 '보수적인' 기독교인은 여성 목사나 사제가 성서에 부합하지 않는다고 대답한다. 그렇다면 실제 성서에는 어떻게 기록되어 있을까? 초기 기독교 교회에서 여성은 지도자로 일하지 못했을까? 흔히 가부장주의를 확고히 했다고 손가락질받는 바울 역시 여성을 차별했을까? 성서에는 바울을 가부장주의의 원흉으로 몰리게 한 몇몇 본문이 나온다. 적지 않은 책이 이들 본문에 대한 오해를 푸는 데 주력한다. 그러나 여기서는 먼저 바울의 글에 등장하는 여성 그리스도인들에 대해 객관적으로 살펴보고자 한다.

바울 공동체의 여성 지도자들

일단 바울의 에클레시아에 여성이 참여하고 있었다는 단순한 사실부터 말해야겠다. 고대 로마에서 집정관 회의 다음으로 최고의 정치 의결기구인 '민회'도 '에클레시아'로 불렸는데, 여성은 여기에 참여하지 못했다. 여러 로마 작가들은 여성의 정치 참여가 금기시되었다고 기록했다. 또 고대 로마에는 남성만의 종교, 여성만의 종교가 따로 있었다. 바울 시대에 기독교와 치열하게 경쟁했고 로마 제국의 국교 후보로도 간주되던 미트라교는 남성의 종교였다. 특별히 로마 군인들 사이에 널리 퍼져 있던 이 종교는 비밀 의식을 치르던 이른바 밀의密議 종교인데 독신 남성만이 사제가 될 수 있었고, 여성의 참여는 극도로 제한되었다. 반면 여성만의 종교도 있었다. '좋은 여신'이란 의미의 '보나데아Bona Dea' 여신을 모시는 신전에는 여성만 드나들 수 있었고 이곳에서 열리는 제의는 로마의 국가 제의로 여성만 참여했다. 반면 바울의 에클레시아에는 남녀가 함께 참여했고 때로 여성이 주도적인 역할을 담당했다. 이것은 로마의 가부장적 정치 및 종교 질서에서 아주 예외적인 일이었다. 바울 공동체의 대표적인 여성 지도자는 '뵈뵈Φοίβη'(영어식 이름은 'Phoebe')다.(『로마

서』16:1-2)

　기원후 55-58년 무렵 지중해 동쪽 지역에서 선교를 일단락지은 바울은 로마 교회를 들러 후원을 얻고 서쪽으로 선교의 폭을 넓히려 했다. 그러나 로마 교회는 자신이 세운 교회가 아니었다. 게다가 제국의 수도에 있는 로마 교회는 이미 어느 정도 규모를 갖추고 있었던 듯하다. 따라서 바울은 함부로 '사도'의 권위를 로마 교회에 내세우기보다는 로마에 편지를 보내 자신의 복음을 소개하고, 로마 교회의 후원을 기대했다. 뵈뵈는 바울에 앞서 선발대로 로마 교회에 갔고, 바울은 『로마서』 말미에 뵈뵈를 추천하는 내용을 담았다.

　바울은 뵈뵈를 "우리의 자매"이자 고린도 남동쪽 항구도시 겐그리아 교회의 "일꾼"(디아코노스διάκονος)이라고 소개한다. '자매'는 예수 그리스도에 대한 믿음을 공유하는 모임에 속한 사람, 그래서 하느님의 가족으로 서로를 환대해야 하는 사람이라는 뜻이다. 바울은 또 뵈뵈를 '일꾼'이라고 부른다. 우리말 번역 성서 가운데 가장 많이 읽히는 개역개정판 주석에는 '디아코노스'가 '집사'를 의미할 수도 있다고 되어 있다. 그런데 이는 자칫 독자들에게 1세기 교회의 직책에 대한 혼란을 줄 수 있다. 오늘날 교회의 직책 '집사'는 지도자의 위치라고 불리기 조금 어정쩡한 위치에 있기 때문이다. 반면 '디아코노스'는 초기 교회에서 지도자를 가리키는 공식 칭호였다. 이것은 복음서에 암시되어 있을 뿐 아니라(『마태복음서』 20:26, 23:11 등의 병행 구절에 나오는 "섬기는 사람"이 '디아코노스'다) 바울 역시 지도적 역할을 담당하는 사람을 가리킬 때 이 단어를 사용했다. 가령 바울은 여러 교회에서 자신이 한 사역을 '디아코노스'의 역할로 규정한다.(『고린도전서』 3:5, 『고린도후서』 3:6, 6:4, 『에베소서』 3:7, 『골로새서』 1:23/25) 이는 분명 오늘날 교회에서의 '집사' 지위와는 다르다. 바울은 빌립보 교인들에게 인사하면서 특별히 "감독들과 디아코노스들"(『빌립보서』 1:1)을 언급하는데, 이 역시 그 교회의 지도자들을 가리키는 것이다.

뵈뵈는 초기 기독교 교회, 특별히 바울의 교회에서는 인정받는 지도자였다고 볼 수 있다. 뵈뵈는 바울을 포함하여 많은 이들을 후원했다. 재정적으로 넉넉했던 것 같고, 아마도 자신의 집도 교회 모임을 위해 내어주었을 것이다. 많은 학자들이 추정하는 대로 뵈뵈는 바울의 편지를 가지고 로마로 가서 바울의 편지를 읽어주고 로마 교인들의 질문에도 답해주었을 것이다. 이처럼 뵈뵈는 복음의 전달자이자 해설자, 해석자의 역할을 담당했다. 오리게네스 같은 초기 기독교 작가도 『로마서』를 주석하면서 뵈뵈를 두고 여성이 교회의 지도적 역할을 담당한 사례라고 해설한다.[53] 겐그리아의 교회 지도자이고, 바울 자신을 비롯한 사도들의 후원자이기도 한 뵈뵈가 복음의 정수가 담긴 『로마서』를 들고 로마 교인들에게 갔으니 바울이 뵈뵈를 "성도의 합당한 예절로 주님 안에서 영접"해야 하며, 또 "어떤 도움을 원하든지 도와주어야" 한다고 요청한 것은 당연하다.(『로마서』 16:2) 그만큼 뵈뵈는 바울의 동역자이자, 교회를 헌신적이고 지성적으로 이끌던 지도자였다.

초기 교회에서는 뵈뵈 외에도 지도자 역할을 한 여성들이 여럿 있었다. 뵈뵈가 언급된 『로마서』 16장은 로마 교회에서 지도

고대의 파피루스 편지. 파피루스를 접어서 끈으로 묶고 남이 함부로 열어보지 못하도록 특정 문양으로 봉인했다. 뵈뵈가 들고 간 『로마서』도 위와 같은 모양이었을 것이다. 신약성서의 묵시록인 『요한계시록』에서 묵시를 본 사람은 봉인이 하나씩 풀릴 때마다 그곳에 담긴 묵시의 내용을 알게 되어 사람들에게 하늘에서 정한 세상의 운명을 설명할 수 있었다.

자 역할을 하면서 바울과도 친분이 있는 사람들에게 안부를 전하는 내용이다. 여기에는 스물일곱 명의 이름이 나오는데, 그중 여성의 이름만 최소한 아홉이다. 물론 남성에 비해서는 적지만 당시 가부장제 사회를 감안하면 결코 적은 수가 아니다. 게다가 바울이 특별히 언급하며 그 공로를 치하하고 감사를 표한 열한 명 중 다섯이 여성(마리아, 드루배나, 드로보사, 버시, 이름이 밝혀지지 않은 어머니)이고, 나머지 여섯이 남성이다. 이 수의 '균형'은 가부장제 사회에서 대단히 놀라운 것이다. 좀더 자세히 살펴보자.

『로마서』16장에서 처음에 뵈비를 언급한 다음 바울은 브리스가와 아굴라 부부를 소개한다.

> 그리스도 예수 안에서 나의 동역자인 브리스가와 아굴라에게 문안하여 주십시오. 그들은 생명의 위험을 무릅쓰고 내 목숨을 구해준 사람들입니다. 나뿐만 아니라, 이방 사람의 모든 교회도 그들에게 감사하고 있습니다. 그리고 그들의 집에서 모이는 교회에도 문안하여 주십시오.(『로마서』16:3-5)

부부인 브리스가(또는 브리스길라)와 아굴라는 바울과 함께 일하기도 했고, 고린도 교회에서 지도자 역할을 담당한 아폴로를 가르치기도 했던 복음의 해석자이자 전달자였다. 자신의 집에서 교회 모임을 열었던 이 부부는 로마 교회의 지도자가 틀림없었다. 그런데 여기서 주목할 점은 이름의 순서다. 부인의 이름(브리스가)이 남편(아굴라)보다 먼저 나오는데 이는 결코 우연이 아니다. 이 부부가 성서에서 소개될 때면 한 차례(『고린도전서』16:19)만 제외하고 언제나 브리스가가 먼저 나온다.(『사도행전』18:2/18/26, 『로마서』16:19, 『디모데후서』4:19) 바울의 편지뿐 아니라 다른 초기 기독교 문헌에서도 이 부부를 브리스가와 아굴라로 기록한다. 부부의 이름이 나올 때 보통 남편 이름을 먼저 적는 가부장제 사회의 관례로 볼 때, 이는 그만큼 브리스가가 당시 교회에서 주도적 역할을 했음을 말해준다.

또 주목해야 할 이름은 16장 7절에 나오는 안드로니고와 유니아다. 그들에 대해 바울은 "나의 친척이며 한때 나와 함께 갇혔던 안드로니고와 유니아에게 문안하여 주십시오. 그들은 사도들에게 좋은 평을 받고 있고, 나보다 먼저 그리스도를 믿은 사람들입니다"라고 쓴다. 안드로니고와 유니아는 브리스가와 아굴라처럼 부부일 가능성이 매우 높다.(안드로니고가 남편, 유니아가 아내) 그런데 우리말 성서에서 "그들은 사도들에게 좋은 평을 받고 있고"라고 옮긴 대목의 헬라어 원문은 οἵτινές εἰσιν ἐπί σημοι ἐν τοῖς ἀποστόλοις로, "그들은 사도들 가운데서 뛰어나다"로 번역하는 것이 적절하다.[54] 다시 말해, 여자인 유니아가 '사도'였다는 뜻이다. '사도'는 초기 기독교에서 가장 높은 직책이다. 복음을 전하고 해석하는 데 있어 최고의 권위를 갖는 사람이 사도였다. 물론 이곳에서 '사도'는 예수의 열두 제자로 한정된 '사도'는 아닐 것이다. 그러나 그 칭호가 아무에게나 아무렇게 적용될 수는 없었다. 한동안 '유니아'라는 이름이 '유니아누스'라는 남자 이름의 축소 형태라는 주장이 제기되었다. 이는 여성 '유니아'를 사도로 인정하고 싶지 않았거나, 여성이 사도였음을 이해하기 어려웠던 사람들의 주장일 가능성이 높다. 왜냐하면 남자 이름 '유니아누스'를 '유니아'로 줄여 표기한 예는 전혀 찾아볼 수 없기 때문이다. 바울이 '사도'라는 칭호를 얼마나 조심스럽게 사용하는지를 감안하면, '사도' 유니아는 초기 예수 운동의 중요한 지도자였을 것이다.

　바울은 초기 예수 운동에서 리더십을 발휘했던 여성들을 아무런 거리낌 없이 인정하고 함께 일했다. 십자가에 달린 그리스도에 대한 믿음이 이 세상의 질서를 초월해 있다고 믿었기 때문이다. 그는 그리스도 안에서 "유대 사람도 그리스 사람도 없으며, 종도 자유인도 없으며, 남자와 여자가 없습니다. 여러분 모두가 그리스도 예수 안에서 하나이기 때문입니다"(『갈라디아서』 3:28)라고 선언했다. 유대인과 헬라인이라는 인종적 구분, 종과 자유인이라는 신분적 차별, 남자와 여자라는 성의 다름을 바탕으로 체제의 틀을 짰던 기성 질서는 더이상 고정된 진리가 아니었다. 인종, 신분, 성은 "그리스도 예수 안에서" 완전히 새로운 차원으로, '전복적'으로 수용된다.

여성 차별주의자 바울?

유대인 바리새파 출신 바울에게 여성에 대한 차별적 시선이 없었을 리 없다. 유대인 랍비들은 여성을 제자로 받아들이지 않았다. 유대인의 법에 따르면 심지어 여성은 법정에 증인으로 나서 증언할 자격도 없었다. 거짓말을 잘한다는 게 이유였다. 따라서 여성이 어떤 랍비의 제자가 되어 그의 가르침을 전수받는 일은 당연히 있을 수 없었다. 스승의 가르침을 왜곡할 우려 때문이었다. 그러나 예수는 그러한 유대인의 법과 관습에서 완전히 벗어나 있었다. 예수는 여성들을 제자로 받아들였고, 예수의 전기傳記에 해당하는 복음서들은 때로 여성들이 남성 제자들 이상으로 뛰어나고 신실한 제자였음을 잘 보여준다. 가령 『마가복음서』에서 이상적인 제자로 제시되는 인물은 베드로, 안드레, 야곱과 같은 남자들이 아니다. 그들은 많은 특혜를 받았지만 예수를 끝내 이해하지 못하고 예수의 십자가형 현장에 감히 가지 못했다. 반면 여성 제자들은 갈릴리에서부터 예수를 섬겼다. 그들은 예수의 죽음 현장에 같이 있었고, 부활의 최초 목격자이기도 했다. 그중 막달라 마리아, 작은 야고보와 요세의 어머니 마리아, 그리고 살로메는 거듭 언급되는 여성들로 앞의 세 남성 제자와 대비되는 제자의 도리를 보여준다. 특히 막달라 마리아는 예수로부터 자신의 부활 소식을 남성 제자들에게 알리라는 부탁을 받는데(『요한복음서』 20:17-18), 이러한 본문들을 근거로 그녀는 "사도들에게 보냄을 받은 사도"라 불리기도 했다. 정경에 포함되지 않았지만, 『막달라 마리아 복음서』도 존재하며, 오늘날까지 전해

191

4장 | 복음과
에클레시아의 윤리

져 내려오고 있다. 결국 바울은 남녀를 차별 없이 대한 예수의 정신을 그대로 받아들인 셈이었다. 그러니 여성이 교회의 지도자 역할을 하는 것은 부자연스럽고 '비성서적'이라 주장하는 일부 기독교 '보수' 세력의 주장은 역사적 예수나 역사적 바울의 가르침과는 사뭇 다르다. 오늘날에도 수많은 여성이 현실적으로 기독교의 역사를 이끌어가고 있고, 바울이 로마 교회에 요청한 대로 지도자로 섬길 수 있는 여성들을 마땅히 "성도의 합당한 예절로 주님 안에서 영접"해야 한다. 그것이 성서에 부합하는 것이며, 초대 교회의 정신이 살아 있는 신앙의 모습이다.

　바울의 편지 가운데 몇몇 본문은 성차별적 언사를 담은 것으로 평가되기도 한다. 하지만 그중 일부는 본문에 대한 이해를 더 철저히 한다면 잘못된 평가임을 알게 된다. 예를 들어, "여자들은 교회에서는 잠자코 있어야 합니다. 여자에게는 말하는 것이 허락되어 있지 않습니다. 율법에서도 말한 대로 여자들은 복종해야 합니다. 배우고 싶은 것이 있으면, 집에서 자기 남편에게 물으십시오. 여자가 교회에서 말하는 것은, 자기에게 부끄러운 일입니다"(『고린도전서』 14:34-35)라는 대목 역시 여성 차별의 뜻을 담고 있는 바울 자신의 말로 잘못 해석되고 있다.[55] 그것은 바울의 말이 아니라 바울이 반박하고자 했던 고린도 교회 일부 남성의 주장이었다. 바울은 고린도 교회에서 가부장적 관습에 따라 여성의 활동을 제한하고자 하는 일부 남성의 주장을 인용했을 뿐이다. 바울 시대에는 따옴표 같은 문장부호나 띄어쓰기 같은 것이 없었지만, 바울의 편지를 읽을 때 고린도 교인들은 바울이 지금 누구의 주장을 인용하고 있는지 쉽게 알 수 있었다.

먼저 상대방의 주장을 인용한 후 바울은 그 남성들을 이렇게 비판한다. "하느님의 말씀이 여러분에게서 났습니까? 또는 여러분에게만 내렸습니까?"(『고린도전서』14:36) 하느님의 말씀은 성, 인종, 계급, 지식 등의 차이에 상관없이 내려오고 그것을 현재의 질서 아래 가둘 수 없다는 것이 바울의 가르침이었다.

또다른 차별적 언사의 사례들(『에베소서』5:22-24,『골로새서』3:18-19,『디모데전서』2:11-15)로는 이른바 제2바울서신, 즉 바울 후대의 제자들이 바울의 이름을 내걸고 썼을 것으로 추정되는 문서들이 거론되곤 한다. 기독교인 가운데는 제2바울서신도 정경에 포함되어 있으니 그 성서를 근거로 성차별적 언사를 하는 사람이 있을 수 있다. 그러나 그렇게 말하려는 사람이라도 자신이 특정 본문을 근거로 주장하는 것이라고 밝혀야 하지, 바울을 성차별주의자로 왜곡해서는 안 된다.

2. 다문화를 넘어선 사랑의 윤리

배타적 유대 공동체

자신이 이방인의 사도로 부름을 받았다고 여긴 바울은 '거룩한 도시' 예루살렘에 머물지 않았다. 그는 줄곧 여행하며 지중해 세계를 누비고 다녔다. 앞서 살펴보았듯 바울은 인종, 성, 계급 등의 차이는 하느님이 인간을 대하는 기준이 될 수 없기에 그런 것들에 연연해할 필요가 없다고 여겼다. 그래서 바울은 에클레시아로 모든 사람을 초청했다. 예수가 자신의 밥상으로 모든 이들을 불러 함께했듯 바울 역시 자신의 에클레시아에 들어오지 못할 인종, 성, 계급이 있다고 판단하지 않았다. 이런 차원에서 바울의 에클레시아는 '보편적' 성격을 띠었다. 그러나 인종, 성, 계급 등의 '인간적 기준'은 당시에 사람들을 구분하는 결정적 지표

였고, 이에 따라 사람들은 각자의 처지에 알맞은 공동체로 편입되었다.

유대교의 경우 특정 인종에 대한 편향성을 통해 배타적이고 차별화된 공동체가 되고자 했다. 그레코-로만 사회는 대부분 다종교 사회였고 배타적 충성을 요구하는 종교가 드물었던 데 비해, 유대교는 비유대인을 받아들이는 데 특별히 까다로운 조건을 내걸었다. 유대교는 비유대인이 절대다수를 차지하는 지역에서도 유대교로 개종하려는 비유대인에게 완전하고 배타적인 충성을 요구했다. 비유대인이 유대인의 종교 모임인 회당에서 완전한 구성원으로 대우받기 위해서는 '완전한 유대인'이 되어야 했다. 유대인이 되려면 일단 한 분 야훼 하느님에 대한 신앙과 그가 내려준 율법을 실천해야 했다. 더 나아가 성인 남성은 할례를 해야 했는데, 이를 결심하기는 쉬운 일이 아니었다. 회당에 참석하지만 할례는 거부한 비유대인들은 '하느님을 경외하는 사람들'로 분류되고 '이등 유대인' 정도 대우를 받았다. 유대인 회당을 위해 여러 가지 지원을 해주는 비유대인은 유대인들의 존경을 받기도 했다. 그렇지만 대체로 유대인 사회, 곧 유대교 공동체에 들어오면, 남자의 경우 할례를 받고 유대인이 되지 않는 한 일정한 차별을 받는 것이 사실이었다.

한편, 유대인이 비유대인 종교에 가입하려 할 경우에는 자신의 유대인됨을 버려야 했다. 유대인은 한 분 야훼 하느님에 대한 신앙을 버리면 그야말로 비유대인과 다를 바 없었다. 야훼 하느님의 언약 백성(이스라엘) 밖으로 나가기로 한 순간 더 이상 유대인일 수 없다. 사실상 비유대인의 참여는 많지 않기에 '유대인/이스라엘'은 종교와 인종 개념이 묶여 배타적 공동체를 이루었다.

다문화의 로마 제국과 황제의 신격화

유대인을 제외하고 그레코-로만 세계에 사는 여타 '문명인'은 특정 종교 공동체에만 소속될 필요는 없었다. 유피테르 신전에 가면서 아폴론의 제의에도 참여할 수 있으며, 이집트의 이시스-오시리스 신의 예배에 기웃거릴 수도 있었다. 그러면서 동시에 스토아학파의 견해에 따라 그런 종교들과 일정한 거리를 둘 수도 있었다. 이런 '문명인'들은 종교에 대해 개방적 태도를 갖고 소통한다는 점에서 보편적 성격을 띤다. 그러나 전통적 올림포스 종교를 비롯한 여타 종교는 굳이 인류 전체를 포괄하려 하지 않았고, 지중해 세계 전반에 걸쳐 특정한 정체성을 요구하면서 통일성을 이루고자 한 세력도 없었다. 대다수 기층 민중의 처지에서야 더 말할 것도 없었다. 평범하게 농사를 짓거나 이곳저곳 다니면서 장사를 하던 이들이 보편성을 가진 공동체의 탄생을 기대하거나 그러한 공동체의 필요성을 느낄 이유는 없었다. 단하나 강력한 예외가 있다. 바로 로마 제국의 통치자들이었다. 그들은 제국의 영토 내에 있는 사람들에게 '보편적' 정체성과 소속감을 심어주고 싶어했다.

제국이 되기 전 도시국가 로마는 로마의 전통적인 신들을 섬겼지만 그 신들을 통해 통일성을 얻으려고 하지는 않았다. 로마

196

아무것도
아닌 것들의 기쁨

의 신들은 올림포스의 신들에서 비롯되었고, 헬라어를 하는 사람들이 사는 여러 곳에서 숭배받던 그 신들은 어떤 배타적 충성을 요구하지도 않았다. 그러니 올림포스의 신들은 적과 '우리'를 구분하고, '우리'라는 결속감을 만들어주는 제국의 신으로는 적절하지 않았다. 물론 로마 제국은 기존의 신들이 로마 제국의 건국과 확장, 그리고 영원한 지속을 약속해주었다고 끊임없이 선전했다. 그러나 그것만으로는 부족한 것이 사실이었다. 올림포스의 신들에 대한 충성을 곧바로 제국, 특별히 황제에 대한 충성으로 연결하는 데에는 무리가 있었다. 이때 황제의 이데올로그들이 눈을 돌린 것이 바로 황제 제의였다.

로마 제국이 지중해 세계를 호령하기 전, 헬라 제국을 세운 알렉산드로스는 인간 이상의 존재로 추앙받았다. 이때 알렉산드로스를 향한 '통치자 제의'가 시작되었는데, 시간이 지나면서 헬라 제국의 전통이 되었다. 그전부터 지중해 동쪽 지역에 퍼져 있던 지배자 숭배와 영웅 숭배도 이 황제 제의의 탄생을 도왔다. 공화정 전통이 있었던 로마는 황제 체제가 성립된 이후에도 몇몇 황제를 제외하고는 살아 있는 황제를 신격화하지는 않았다. 그래서 제국의 초기에 황제 제의는 영웅 및 지배자 숭배 전통이 있던 제국의 동쪽 지역을 중심으로 확산되었다. 그러다 점차 황제의 신격화는 공화정에 향수를 가지고 있던 로마인들의 반감에도 불구하고 제국 전반으로 확산되었다.

황제 제의는 신의 권능과 명예를 황제에게 돌리는 제의였다. 이를 통해 황제는 신과 같은 존재가 되고 황제의 명령은 신적인 권위를 갖게 되었으며, 황제에 대한 배신은 종교적 불경과 반역으로 간주되었다. 황제의 신격화는 이처럼 황제 통치의 정당성을 알리는 통치 이데올로기 기능을 충실히 수행했다. 황제 제의는 로마의 통치 선전가들의 노력만으로 확산된 것은 아니었다. 로마 식민지의 대리 통치자들도 이 황제 제의 거행에 적극적이었다. 황제를 신격화함으로써 그를 대신하는 자신들의 지위도 격상할 수 있었고, 동시에 로마에 대한 충성심을 증명해 보일 기회를 얻을 수도 있었기 때문이다.

로마 황제는 신이 되었고 황제의 통치는 신의 통치가 되었으며, 황제가 다스리는 중심 도시 로마는 '여신 로마'로 찬양받았다. 신은 불멸의 존재이니, 로마가 여신으로 선포된 것은 로마의 통치가 영원하리라는 선언에 다름 아니었다. 이제 제국에 사는 모든 사람에게 인종과 문화를 넘어서 일종의 보편적 정체성이 부여되었다. 모두가 황제의 신민臣民이 되었다. 신민은 황제의 보호 아래 평화와 안전을 보장받고 자신의 삶을 영위할 수 있는 혜택을 누렸으며, 그 보답으로 납세와 병역의 의무를 다하면 되었다. 인종, 신분, 계급, 성, 문화의 차이는 황제의 통치가 새롭게 부여하는 질서 속에서 이해되어야 했지만, 로마가 바란 것은 기존의 차이를 없애거나 강화하기보다는 기존 체제 속에서 로마의 통치를 강고히 하는 것이었다.

바울의 보편주의 윤리

바울은 로마 제국의 보편성과 유대주의적 특수성 사이에서 자신의 에클레시아로 사람들을 불러모았다. 이 초청은 기존의 인간적 기준을 넘어선다는 점에서 보편적이었다. 그때까지 사람 사이를 구분하고 차별하던 기준은 무력화된다. 그러나 바울에게는 제국 질서의 보편주의 경향과는 뚜렷이 구분되는 독특성이 있었다. 그는 인간들 사이의 구분이 아니라 하느님과 인간 사이에 근본적 문제를 설정하고 그 해결에 주목하도록 했다. 이것은 보편의 문제를 인간들 사이에서가 아니라 신과 인간 사이의 관계에서 구하려고 했던 보기 드문 사례이다. 바울은 모든 사람이 '죄인'이며 죄와 악의 세력으로부터 구원받아야 한다는 점에서 누구나 동등하다고 주장했다.

　바울의 가장 위대한 편지로, 어쩌면 인류사에 가장 큰 영향력을 끼친 편지라 할 수 있는 『로마서』 가운데 1장 18절에서 3장 20절까지는 모든 사람이 죄인임을 선언하는, 인류 전체에 대한 고발장이다. 바울의 신랄한 논리는 이렇게 진행된다. 먼저 "하느님을 알 만한 일이 사람에게 환히 드러나 있기에"(1:19) 사람들은 하느님을 알지 못한다고 핑계를 댈 수가 없다. 그러나 사람들은 "하느님을 알면서도, 하느님을 하느님으로 영화롭게 해드리거나 감사를 드리기는커녕, 오히려 생각이 허망해져서, 그들의 지각없는 마음이 어두워졌다."(1:21) 그 결과는 타락이다. 가치 있는 것을 가치 없는 것과 바꾸고 영광을 수치와 바꾸어 살아가기 시작한 것이다. 하느님은 "사람들이 마음의 욕정대로 하도록 더러움에 그대로 내버려두"(1:24)는 것으로 심판을 대신했다.

　사람들이 하느님을 인정하기를 싫어하므로, 하느님께서는 사람들을 타락한 마음자리에 내버려두셔서, 해서는 안 될 일을 하도록 놓아두셨다. 사람들은 온갖 불의와 악행과 탐욕과 악의로 가득차 있으며, 시기와 살의와 분쟁과 사기와 적의로 가득차 있으며, 수군거리는 자요, 중상하는 자요, 하느님을 미워하는 자요, 불손한 자요, 오만한 자요, 자랑하는 자요, 악을 꾸미는 모략꾼이요, 부모를 거역하는 자요, 우매한 자요, 신의가 없는 자요, 무정한 자요, 무자비한 자입니다. 그들은, 이와 같은 일을 하는 자들은 죽어야 마땅하다는 하느님의 공정한 법도를 알면서도, 자기들만 이런 일을 하는 것이 아니라, 이런 일을 저지르는 사람을 두둔하기까지 합니다.(『로마서』 1:28-32)

사람들은 자신들의 타락상을 알고 서로에게 심판자가 되고자 하지만, 스스로 타락한 인간은 결국 자기 자신을 정죄하는 셈이 되고 말았다. 하느님을 찾을 가능성을 지닌 인간의 양심도 능력을 상실하고, 유대인들은 하느님이 특별히 내려준 율법이 있지만 그것을 알고도 실행하지 못했다. 이로써 유대인의 특권은 모두 다 사라진 것과 다를 바 없었다. 죄는 개인의 차원에 머물지 않고 인류 전체의 죄로 번졌고, 이제 인류에게서 하느님을 두려워하는 눈빛조차 보이지 않게 되었다. 그래서 "의인은 없다. 한 사람도 없다. 깨닫는 사람도 없고, 하느님을 찾는 사람도 없다. 모두가 곁길로 빠져서, 쓸모가 없게 되었다. 선한 일을 하는 사람은 없다. 한 사람도 없"(『로마서』 3:10-12)는 처지가 되었다.

인류는 곤경에 처하게 되었고 거기에서 벗어날 능력도 의지도 상실한 채 고통 속에 사는 수밖에 없었다. 율법은 하느님의 법으로 인류에게 빛을 주는 것이었지만 그조차 효력을 다한 시점이 된 것이다. 그런데 바울은 예상치 못한 곳에서 구원이 왔다고 선언한다.

> 그러나 이제는 율법과는 상관없이 하느님의 의가 나타났습니다. 그것은 율법과 예언자들이 증언한 것입니다. 그런데 하느님의 의는 예수 그리스도를 믿는 믿음을 통하여 오는 것인데, 모든 믿는 사람에게 미칩니다. 거기에는 아무 차별이 없습니다. 모든 사람이 죄를 범했습니다. 그래서 사람은 하느님의 영광에 못 미치는 처지에 놓여 있습니다. 그러나 사람은, 그리스도 예수 안에서 얻는 구원으로 말미암아, 하느님의 은혜로 값없이 의롭다는 선고를 받습니다.(『로마서』3:21-24)

이 본문의 논리를 두고는 여러 차원에서 설명할 수 있으나 여기서는 바울이 선언하는 새로운 보편적 정체성이 무엇인지에 논의를 집중해보자. 일차적으로 바울은 '유대 사람'과 '그리스 사람'(모든 비유대인의 대표)의 구분이 더이상 무의미함을 선언했다.(『로마서』3:9) 이는 자신들이 야훼 하느님의 언약 백성이라고, 하느님의 뜻이 담긴 율법을 알고 있다고 자랑하면서 할례를 통해 언약 백성의 표지를 갖고 있다고 우쭐해대는 유대인의 선민의식을 날카롭게 공격하며, 그것을 근원적으로 부정하는 것이었다. 율법, 할례, 언약 백성은 이제 무의미하다. 왜냐하면 그것들이 유대인들을 죄와 악에서 분리해내지 못했기 때문이다. 유대인들은 그리스 사람과 똑같이 죄를 짓는다. 공평하신 하느님은 유대인들 역시 심판의 대상으로 삼는다. 이어 인류의 죄에 대한 고발은 신분이나 성적 차별 역시 무화시킨다. 인간이 내세우는 어떤 우월함도 하느님의 기준은커녕 인간들 스스로 내세우는 기준에도 턱없이 모자랄 뿐이다. 인간의 어떤 자랑거리도 죄와 악에서 인간을 살려내지 못한다. 따라서 구원은 하느님에게서 대가 없이 내려오는 은혜인데, 그 구원의 조건은 바로 예수 그리스도, 곧 십자가에 달린 그리스도에 대한 믿음이다.

예수 그리스도에 대한 믿음이란 그가 하느님의 아들임을 믿으면 자동적으로 주어지는 주술적 믿음이 아니다. 앞서 2장에서 살펴보았듯 십자가에 참여하는 믿음이 인간을 구원한다. 그것은 십자가의 원리, 곧 아무것도 아닌 것들에까지 미치는 사랑과 기쁨, 권리 포기, 나눔과 섬김, 그리고 하나됨이 하느님의 길이라는 믿음이다. 그러한 십자가(자기부정)는 부활(자기초월)의 새 생명, 새 힘으로 이어진다. 그 길은 기적을 바라는 이들에게는 연약함으로, 지혜를 갈구하는 이들에게는 어리석음으로 보인다. 그것은 생존과 번영을 최고 가치로 여기는 삶에 대한 거부이며, 자신의 이득을 위한 지식 추구나 소시민적 안분지족과 유유자적의 쾌락 탐색과도 거리가 있다. 십자가에 달린 그리스도를 믿음으로써 얻는 구원에는 인간이 세운 어떤 기준에 따른 '차별'이 전혀 없다. 그 구원은 인간의 자랑거리가 모두 무력화된 곳에서부터 시작하는 "하느님의 은혜로 값없이" 된 것이다.

이와 같이 바울의 에클레시아는 인간의 기준이라는 것이 아무런 변별성도 갖지 못하는 상황에서 십자가를 믿는 믿음 안에서 어떤 차별도 없이, 오직 자신의 아들을 통해 자신의 사랑을 보여준 하느님의 은혜에 따라, 어떤 대가도 치르지 않은 사람들이 모이는 곳이 되었다. 그러니 이 공동체는 인간의 기준이 전혀 작용하지 않는다는 점에서 보편적이지만, '십자가에 달린 그리스도'라는 원리만이 인간을 구원할 수 있다는 믿음을 가져야 한다는 점에서는 다른 종교 공동체와 차별화된다.

'성만찬'을 둘러싼 문화적 갈등

'십자가에 달린 그리스도에 대한 믿음'을 경계로 삼은 보편적 공동체라는 다소 역설적인 특성은 바울의 공동체가 특정한 내부 윤리를 형성하도록 돕는다. 바울의 에클레시아는 계급, 신분, 인종도 다양했고 남녀도 차별 없이 받아들였기 때문에 늘 갈등과 긴장이 생길 수밖에 없었다. 남녀간의 갈등, 부자와 가난한 자 사이의 뚜렷한 긴장도 있었고, 음식 문화를 둘러싼 견제와 다툼도 벌어졌다.

바울의 에클레시아에서 '식사'의 문제는 부자와 가난한 자, 그리고 인종 및 문화와 관련된 민감한 사안이었다. 가령 '성만찬' 제의를 둘러싸고 빈부 갈등이 촉발되곤 했다. 그레코-로만 사회에는 지역마다 나름의 식탁 문화가 있었다. 고린도 지역도 마찬가지였다. 자기 집을 모임 장소로 내어주는 사람들은 이른바 '후원인'이 된다. 그 후원인에게는 새로이 후원인이 될 만한 친구들이 있기 마련이다. 따라서 후원인의 집에서 식사 모임을 할 때면 대략 이런 장면이 연출된다. 후원인과 그 '친구들'은 가장 좋은 방인 이른바 '트리클리니움 triclinium'(세 면에 누울 수 있는 긴 안락의자가 딸려 있는 식탁 혹은 그런 식탁이 있는 식당)에 모인다. 이 방은 밖이 잘 내다보이는 곳에 자리잡고 있다. 그곳에서는 주인과 그 친구들에게 좋은 음식과 술이 제공된다. 반면 평범한 손님들은 '아트리움atrium'(고대 로마 건축에서 안뜰이나 안마당, 또는 안뜰이 딸려 있는 홀)에 모인다. 아트리움은 넓은 안뜰로, 부잣집의 경우 마흔 명 정도가 식사를 할 수 있을 만큼 넓었다. 그들에게 제공되는 음식은 트리클리니움에 비해 질이 떨어졌다. 이 식탁 문화에서는 흔히 고기를 먹고 술을 신에게 바치는 순서가 있다. 그후에 심포지움symposium, 곧 향연이 이어진다.

이러한 식탁 문화에서는 신분과 지위의 차별성이 강조된다. 평소에는 별 구분 없이 지내다가도 식사할 때만큼은 겸상을 하지 못한다. 트리클리니움에 초대받은 사람, 아트리움에만 들어갈 수 있는 사람으로 신분 차별이 나타나고, 먹는 자세도 신분에 따라 구분된다. 로마 전통에 따르면 자유인 남자만이 식탁에 기대 누울 수 있었고, 여인, 어린이, 종은 단지 먹기 위해 '앉았다.'

고린도 교회 역시 집에서 모였다. 그곳에서 성만찬을 겸한 식사를 하면서 벌어진 일을 우리는 어렵지 않게 짐작할 수 있다. 당연히 자신들에게 익숙한 식사 관습을 따랐을 것이고, 이교도 신전에서 하던 식사 행위와 그레코-로만의 차별적 식탁 문화가 더해져서 고린도 교회 내에서도 신분별로 따로 식탁이 차려졌을 것이다. 바울은 이에 격노했다. 성만찬이야말로 '십자가에 달린 그리스도'의 의미를 제의적으로 재현하는 결정적 의식인데, 그 의미가 철저히 왜곡되었다는 것이다. 에클레시아가 사회의 질서를 반복한다면 에클레시아로 모일 이유가 없었고, 분열 작가 미상. 메리 에반스 그림 도서관Mary Evans Picture Library 소장. 부자들이 '트리클리니움'에서 잔치를 벌이는 장면. 편안하게 누워 식사를 하는 모습이 생생하게 그려져 있다.

을 강화하는 식탁이라면 바울이 전한 복음은 흔적도 없이 사라진 셈이었다. 예수의 식탁, 곧 성만찬이 타락했다는 보고를 들은 바울은 성만찬의 의의를 다시 한번 피력했다.

고린도 교회의 보다 구체적인 상황은 이러했다. 고린도 교인들이 공동 식사를 위해 모일 때 이른바 '가진 사람들'은 일찌감치 자신들의 먹을거리를 가지고 왔다. 그들은 저마다 자신의 친구가 될 만한 이들과 함께 '만찬'을 즐겼다. 그러나 노예나 노동자, 곧 자기 주인에게 묶여 있는 이들은 공동 식사에 제때 참여할 수 없었고, 자신의 음식을 가지고 올 수도 없었다. 물론 집주인이 얼마간의 음식을 준비해놓는 경우도 있었지만, 그것으론 부족하기 일쑤였다. 결과적으로 일찍 와서 먼저 먹고 마시고 있던 사람들은 모임이 시작되기도 전에 배부르고 취한 상태였다. 그러나 나중에 온 이들은 굶주린 채 배부르게 취해 있는 '주인들'을 목격해야만 했다. 또 주인의 '친구들'이 트리클리니움에서 누워 있는 동안 그들은 아트리움에 앉아 있었다. 이것은 예수의 식탁, 곧 바울이 전해준 성만찬이 아니었다.

바울은 고린도 교회의 상황에 분노했다. 자기의 음식을 먹고 마시면서 높은 사회적 지위를 만끽하고 싶다면 자기 집에서나 할 일이라고 격정 어린 비난을 쏟아놓았다. 바울은 성만찬을 타락시키는 이들을 두고 이렇게 힐난한다. "여러분이 하느님의 교회를 멸시하고, 가난한 사람들을 부끄럽게 하려는 것입니까?"(『고린도전서』 11:22) 그것은 십자가에 달린 그리스도가 역전시킨 질서를 되돌리려는 시도이기 때문이었다. 이런 경고 후에 바울이 내놓은 해결책은 간단했다. 만약 구성원이 다 모일 때까지 너무 오래 기다리다가 배가 고플 것 같으면 자기 집에서 미리 먹고 오라는 것이었다. 그리고 구성원이 모두 모이는 그때 한몸, 한 식구의 식탁을 펼쳐야 했다. 바울은 성만찬에 대한 오해도 바로잡았다. 성만찬을 두고 일어난 긴장상황에 대한 바울의 해결

원리는 부자들이 마땅하다고 여기는 자신의 권리와 행동을 가난한 자들을 위해 포기하는 것이었다. 자신의 이득과 번영을 추구하던 고린도인들에게 권리와 자유의 포기는 쉽게 받아들이기 힘든 요구였지만, 그것이 바로 바울의 복음이었고 바울 자신이 그 모범을 보였다.

유대인의 식사법과 절기

식사의 문제는 빈부의 차원만이 아니라 오늘날 우리에게 '코셔'로 알려진 유대인의 음식법과도 관련하여 생겨났다. 특히 로마 교회에서는 특정한 절기를 지키는 유대인들의 관습과 더불어 이 음식법이 문제가 되었다.(『로마서』 14:1-23) 유대인의 율법은 아무 음식이나 먹지 못하도록 규정해놓았다. 특히 고기에 관해서 까다로운 음식법을 준수했다. 고대 지중해 세계에서 고기는 오늘날처럼 식용으로 유통되지 않았다. 고기는 예나 지금이나 귀한 음식이었고, 고기 생산에는 많은 비용이 들었다. 따라서 고기는 처음부터 다목적 용도로 사용되었다. 대부분의 고기는 먼저 신들에게 바치는 제물로 쓰였고, 그 뒤 신전 근처 음식점이나 시장에 판매용으로 나왔다. 경건한 유대인으로 자처하는 이들이라면 그런 고기는 먹을 생각도 하지 않았다. 바울의 에클레시아로 들어오기 전 비유대인들은 이러한 종류의 고기도 거리낌 없이 먹었다. 바울은 야훼 하느님 이외에 신이라고 주장하는 것들은 다 텅 빈 우상이기 때문에 그 신들에게 바쳐졌던 고기라 해도 그 자체가 더러워진다고 생각하지는 않았다. 원칙적으로 이방 신전에 바쳐진 고기라도 에클레시아에 참여한 이들이 먹지 못할 이유는 없었다. 그러나 야훼 하느님이 아닌 다른 신을 모시는 신전에 바친 고기를 먹기 꺼려하는 교인들도 있었다.

팔레스타인 밖에 살면서 스스로 경건을 지키겠다고 다짐하는 유대인들은 채식주의자가 되기 쉬웠다. 코셔 법을 지키려면 그들이 접하는 고기 대부분을 먹을 수 없었기 때문이다. 또 비유대인 중에서도 그리스도 신앙을 받아들이고 나서 이방 신전의 제의에 대한 거부감으로 거기서 나온 고기를 먹지 않는 이들도 생겨났다. 바울의 원칙적 논리에 입각하면 그들의 믿음은 '약한' 것이었다. 야훼 하느님이 유일한 창조주이기에, 헛된 거짓 신들에게 제물로 바쳐진다고 해서 창조주의 피조물들이 더러워질 리 없다고 보았기 때문이다. 바울 자신이 경건을 자랑하던 유대인이었지만 그리스도 안에서 새롭게 눈을 뜨고 나서는 코셔 법이 무력화된 것을 알았다. 어떤 음식을 어떻게 먹느냐를 두고 유대인과 비유대인을 가르던 기준 역시 아무런 소용도 없음이 드러났다. 나아가 코셔 법이 인종 사이를 편가르기한다는 문제점도 나타났다. 바울과 같이 신앙이 '강한' 사람들에게는 더이상 아무런 문젯거리가 되지 않는 음식 규정이지만, 믿음이 약한 사람들은 자신들의 신앙과 생활관습을 폐기하려 하지 않았다.

아울러 절기에 관한 논쟁도 불거졌다. 절기는 시간을 나누는 기준이다. 우리의 명절인 설과 추석은 시간을 구분해주고, 구분된 시간은 인간 삶에 의미를 부여한다. 각 민족이나 인종의 절기는 그리스도 안에서 더는 의미가 없어졌다. 시간의 의미는 그리스도 안에서 새롭게 조정되기 때문이다. 그러나 로마 교회의 일부 구성원은 자신들이 지켜오던 절기를 고수하고자 했다. 바울의 해결책은 무엇이었을까?

바울은 성만찬의 근본 의의를 왜곡하는 이들에게 격노했지만, 음식과 절기에 관해 일어나는 '문화적 갈등'을 두고서는 믿음이 '약한' 사람들을 질책하지 않았다. 도리어 바울은 "여러분은 믿음이 약한 이를 받아들이고, 그의 생각을 시빗거리로 삼지 마십시오"(『로마서』 14:1)라고 권면했다. 또한 문화적 차이는 싸워야 할 대상이 아니라 서로 인정해야 할 대상이라고 가르쳤다. "또 어떤 사람은 이날이 저날보다 더 중요하다고 생각하고, 또 어떤 사람은 모든 날이 다 같다고 생각합니다. 각각 자기 마음에 확신을 가져야 합니다. 어떤 날을 더 존중히 여기는 사람도 주님을 위하여 그렇게 하는 것이요, 먹는 사람도 주님을 위하여 먹으며, 먹을 때에 하느님께 감사를 드립니다. 그리고 먹지 않는 사람도 주님을 위하여 먹지 않으며, 또한 하느님께 감사를 드립니다."(『로마서』 14:5) 각자 자기 마음에 확신을 가지면 된다. 절기나 음식에 관한 바울의 입장은 오늘날의 다문화주의와 유사하다. 민족마다 다양한 문화적 관습을 하나로 동화시키기보다는 공존을 모색하고, 서로 인정하고 존중하는 태도다. 이때에도 바울은 '강한' 자의 물러남을 기본 행동지침으로 제시하면서 그리스도의 예를 든다.

믿음이 강한 우리는 믿음이 약한 사람들의 약점을 돌보아주어야 합니다. 우리는 자기에게 좋을 대로만 해서는 안 됩니다. 우리는 저마다 자기 이웃의 마음에 들게 행동하면서, 유익을 주고 덕을 세워야 합니다. 그리스도께서도 자기에게 좋을 대로만 하지 않으셨습니다.(『로마서』 15:1-3)

사랑의 윤리

한 공동체가 외부와의 경계를 높게 쌓으면 그에 비례하여 내부 결속을 높이는 윤리가 발달하게 마련이다. 우리가 혼인식 등에서 많이 접하는 『고린도전서』 13장은 바로 공동체의 내부 갈등 상황을 배경으로 기록되었다. 다시 말해 그것은 낭만적 사랑을 꿈꾸는 이들을 위한 조언이 아니었다. '십자가에 달린 그리스도'를 믿는 이들이 만든 에클레시아가 파벌을 나눠 싸우고 서로의 잘남을 견주며, 상대방을 폄하하고 마침내 공동체의 본질과 사명을 잊어가려는 위험 앞에서 바울은 '사랑'에 관해 다음과 같이 썼다.

내가 사람의 모든 말과 천사의 말을 할 수 있을지라도, 내게 사랑이 없으면, 울리는 징이나 요란한 꽹과리가 될 뿐입니다. 내가 예언하는 능력을 가지고 있을지라도, 또 모든 비밀과 모든 지식을 가지고 있을지라도, 또 산을 옮길 만한 모든 믿음을 가지고 있을지라도, 사랑이 없으면, 아무것도 아닙니다. 내가 내 모든 소유를 나누어줄지라도, 내가 자랑삼아 내 몸을 넘겨줄지라도, 사랑이 없으면, 내게는 아무런 이로움이 없습니다.(『고린도전서』 13:1-3)

이것은 하늘의 말(흔히 말하는 '방언'), 예언, 모든 비밀과 지식의 소유, 엄청난 믿음 등 갖가지 진귀한 종교적 능력을 내세우는 이들을 향한 것이다. 여기 열거한 항목들은 그 과학적 진위 여부를 제쳐두고 말하면, 사람이 자랑할 만한 능력, 은사恩賜[56]다. 이후 바울은 그러한 재능 가운데 최고는 '사랑'이라고 단언한다. 이 선언은 사실 '종교'를 아는 이들에게 충격적으로 들린다. 종교적 욕망은 늘 하늘의 것을 탐한다. 신적인 지식을 갈구하고, 앞날을 예견하는 통찰을 얻고 싶어한다. 신적인 존재, 그리고 천사들과의 원활한 교류를 원하고, 신이 숨기고 숨긴 비밀과 지식을 얻고자 목숨을 내건다. "산을 옮길 만한"이라고 표현된 물리적 난제를 믿음으로 해결하는 능력을 얻고자 한다. 그러나 바울은 '사랑', 곧 서로를 배려하고 에클레시아가 그 본질을 유지하면서 사명을 수행하게 하는 그 은사가 가장 가치 있다고 가르친다. 성서를 읽어보지 않은 사람도 모두 알고 있는 "그러므로 믿음, 소망, 사랑, 이 세 가지는 항상 있을 것인데, 그 가운데서 으뜸은 사랑입니다"(『고린도전서』13:13)라는 선언은, 모든 능력 가운데 최고의 능력은 사랑이라는 뜻이다. 바울은 사랑이 단순한 희생이나 나눔의 과시와 혼동되는 것을 방지하고자 한다. 이후 바울은 공동체를 유지하고 발전시키고, 나아가 에클레시아의 본래 뜻을 살리기 위한 사랑의 윤리를 가르친다.

사랑은 오래 참고, 친절합니다. 사랑은 시기하지 않으며, 뽐내지 않으며, 교만하지 않습니다. 사랑은 무례하지 않으며, 자기의 이익을 구하지 않으며, 성을 내지 않으며, 원한을 품지 않습니다. 사랑은 불의를 기뻐하지 않으며, 진리와 함께 기뻐합니다. 사랑은 모든 것을 덮어주며, 모든 것을 믿으며, 모든 것을 바라며, 모든 것을 견딥니다.(『고린도전서』13:4-7)

사랑의 속성에 대한 바울의 이 가르침은 낭만적 사랑을 염두에 둔 것이 아니라 공동체의 분란 상황에서 나왔다. 물론 바울은 사랑을 에클레시아의 유지 및 발전의 윤리로 한정하지는 않는다. 바울은 '사랑할 수 있는 능력', 그리고 사랑하는 것이야말로 인간이 궁극적으로 추구해야 할 종교적 능력, 은사라고 본다. 사랑할 수 있는 능력이 인간이 종교적으로 추구해야 할 최고의 능력이며, 사랑할 수 있는 은사가 하느님이 인간에게 베풀어준 최상의 은사라는 가르침은 고린도 지역의 에클레시아에 교훈을 전하면서 바울이 이끌어낸 높은 종교적 깨달음이었다.

이와 같이 다문화·다종교 사회에서 바울의 에클레시아는 경계 설정과 보편성을 동시에 확보한 독특한 공동체였으며, 그 내부 윤리도 세심하게 고안되었다. 바울은 성만찬의 훼손같이 복음의 본질을 왜곡하는 행태에 대해서는 강력한 비판과 분노로 교정하고자 했지만, 문화적 관습의 충돌로 보이는 사안에 대해서는 다문화주의적 태도를 유지한다. 무엇이 본질적인 것이고 무엇이 상대적이고 문화적인 것인지를 분별하기란 대단히 어려운 일이다. 바울은 문화적 현상을 본질적인 것으로 둔갑시키거나, 본질적인 것을 문화적인 것으로 변질시켜 복음의 본질을 훼손하거나 공동체를 와해하려는 시도 모두를 지극히 섬세한 시각으로 경계했다. 나아가 바울은 사랑을 최상의 종교적 은사로

아무것도
아닌 것들의 기쁨

규정하며, 이전의 종교를 통해 인간이 추구해온 종교적 욕망 역시 교정하고자 했다.

3. 적대에 맞선 정의

고난의 전도 여정

문명은 정착 문화의 소산이다. 유목 생활에서 생겨나는 문화에는 분명한 한계가 있다. 그러나 묘하게 사람의 정신은 정착보다 유목의 길에 들어설 때 생생한 날 것의 사유가 나오는 듯하다. 바울은 '이방인을 위한 사도'라는 소명을 품고 한곳에 머물기보다는 계속해서 여행을 떠났다. 여행하는 몸은 머물러 있는 몸보다 고달프기 마련이다. 바울은 오랜 선교 생활로 말미암은 수많은 고통의 기억을 가지고 있었다. 그는 고린도 교회에 보낸 편지에서 다음과 같이 밝힌다.

우리는 무슨 일에서나 하느님의 일꾼답게 처신합니다. 우리는 많이 참으면서, 환난과 궁핍과 곤경과 매맞음과 옥에 갇힘과 난동과 수고와 잠을 자지 못함과 굶주림을 겪습니다.(『고린도후서』 6:4-5)

나는 수고도 더 많이 하고, 감옥살이도 더 많이 하고, 매도 더 많이 맞고, 여러 번 죽을 뻔했습니다. 유대 사람들에게서 마흔에서 하나를 뺀 매를 맞은 것이 다섯 번이요, 채찍으로 맞은 것이 세 번이요, 돌로 맞은 것이 한 번이요, 파선을 당한 것이 세 번이요, 밤낮 꼬박 하루를 망망한 바다를 떠다녔습니다. 자주 여행하는 동안에는, 강물의 위험과 강도의 위험과 동족의 위험과 이방 사람의 위험과 도시의 위험과 광야의 위험과 바다의 위험과 거짓 형제의 위험을 당했습니다. 수고와 고역에 시달리고, 여러 번 밤을 지새우고, 주리고, 목마르고, 여러 번 굶고, 추위에 떨고, 헐벗었습니다. 그밖의 것은 제쳐놓고서라도, 모든 교회를 염려하는 염려가 날마다 내 마음을 누르고 있습니다. 누가 약해지면, 나도 약해지지 않겠습니까? 누가 넘어지면, 나도 애타지 않겠습니까?(『고린도후서』 11:24-29)

이 본문은 바울과 그의 일행이 얼마나 고된 풍찬노숙風餐露宿의 세월을 보냈는지를 알려준다. "여러 번 밤을 지새우고, 주리고, 목마르고, 여러 번 굶고, 추위에 떨고, 헐벗"는 고통은 정착하지 않고 경제적 어려움 속에 떠도는 데서 오는 어려움들이다. 그러나 매를 맞고 감옥살이를 하는 등의 고통은 결코 여행 자체에서 오는 고생이 아니다. 로마 제국의 관리가 판단하기에 바울의 언행이 사회정치적 질서를 해치지 않았다면 그를 투옥하고 처벌할 이유도 없었을 것이다. 바울과 그의 에클레시아는 동시대 주류 사회에 편입되기를 거부했고, 이런 사회적 소수집단은 어느 시대에나 오해를 사고 고초를 겪기 마련이었다. 타키투스와 같은 로마의 작가들은 예수 추종자들의 비타협적 행동에 거부감을 나타냈다. 도시국가에서 공식적으로 추앙받는 신과 그 신에 대한 제의를 거부하고, 기존 질서에 저항하는 예수 추종자들은 '인류에 대한 혐오 odium generis humani'를 가지고 있다는 비난을 받았다.

그리스 어느 도시의 시민에게 바울의 언행이 어떻게 여겨졌을지 상상해보자. 한 유대인이 다른 곳에서 왔다. 그는 긴박하고 고조된 목소리로 온 세상의 '주主'를 선포한다. 그런데 세상을 통치하는 '주'는 로마 황제가 아니라 저 변두리의 유대인이란다. 더군다나 그 유대인은 정치범에게 처해지는 십자가형을 받아 죽은 사람이다. 로마 제국의 반역자가 세상의 주인이라는 선포다. 유대인 바울은 로마 제국이 예수를 십자가에 못박았으되 끝내 죽이지 못했고, 예수는 부활했으며, 부활한 예수가 곧 다시 '찾아올(파루시아)' 것이라고 외쳤다. '파루시아'는 그저 누군가가 한 곳으로 방문한다는 뜻에 머물지 않는다. 그것은 황제가 특정 도시에 '오는' 것을 가리키는 말이다. 바울은 말로써 선포하는 데 그치지 않고 사람들을 모아 조직을 꾸렸다. 그 모임이 '에클레시아'다. 그레코-로만 세계에 살던 비유대인에게 '에클레시아'는 정치적 결의를 하는 시민 모임으로 비칠 수도 있었다. 바울은 말로만 떠드는 뜨내기가 아니라 인종, 성, 신분, 계급에 관계없이 사람들을 초청해 조직을 결성하는 이였다.

바울의 에클레시아는 십자가에 달린 그리스도에 대한 믿음을 통해 스스로를 구분짓는 한편, 그 안에서는 여성들이 지도력을 발휘하고, 종과 노예가 자유인처럼 행동할 뿐 아니라 간혹 해방되기도 했다. 바깥 사회에서처럼 부자와 지체 높은 사람이 명예를 얻고 존경을 받는 것이 아니라 '아무것도 아닌 것들'이 존중받았다. 나아가 그리스도인들은 도시국가의 수호신 격인 여타 신들의 제의에 참여하지 않았다. 이는 곧 도시 시민으로서 충성을 다하지 않겠다는 의미였다. 그들은 황제 제의에도 동참하기를 거부했다. 이는 '십자가에 달린' 사람을 구세주로 믿는 이들의 반로마적 신앙을 여실히 보여준다. 바울의 에클레시아에서는 '십자가에 달린 사람'의 살과 피를 먹는 제의가 행해졌는데, 이는 식인 제의로 의심받을 만했다. 마침내 유대인 바울이 전하는 그 이상한 '복음'을 들은 바울의 동족, 곧 다른 유대인들이 들고 일어났다. 바울이 유대인들의 회당에 들러 논쟁을 할 때면 폭력적 사건까지 일어났다. 도시를 다스리고 치안을 담당하는 관리라면 이때 어떻게 하겠는가? 일반 시민들은 바울을 어떤 눈으로 바라보았을까?

유대인 회당의 지도자는 유대식으로 바울에게 대응했을 것이다. 가장 적대적인 유대식 대응은 "마흔에서 하나를 뺀 매"로 징벌하는 것이다. 율법은 마흔 대를 넘는 매를 아주 강하게 금지하는 계율을 가지고 있었다.(『신명기』 25:1-3) 그러니 바울이 마흔에서 하나를 뺀 매를 맞았다는 것은 그가 유대인 회당에서 도저히 묵과할 수 없는 큰 죄를 범했다는 뜻이다. 유대 사회로서는 최고의 형벌로 바울을 다스린 셈이었다. 바울은 다섯 번이나 그렇게 맞았다고 했다. 한 회당에서 매를 맞고 나면 그곳 출입이

금지되었을 테니, 바울은 적어도 다섯 군데 회당에서 '도저히 함께할 수 없는 유대인'으로 판정받았던 셈이다. 부분적으로나마 성공을 거둔 회당이 없지는 않았지만, 대체로 바울은 1세기의 통상적인 유대인이 쉽게 받아들이기 어려운 주장을 하는 인물이었음에 틀림없다.

한편, 로마 제국의 지역 통치자들은 바울을 로마식으로 처리했을 것이다. 바울은 "채찍으로 맞은 것이 세 번"이라고 밝혔다. 이 형벌은 옷을 벗긴 후에 등을 때리는 태형의 일종이었을 텐데, 등의 살점이 뜯겨나가 피가 흐르는 장면을 상상해볼 수 있다. 형벌을 다룬 포르티아Portia와 율리아Julia 법에 따르면 이런 종류의 처벌은 중형이라 로마 시민에게 함부로 행해져서는 안 되었다. 그러니 바울은 지역 통치자들이 도저히 용서할 수 없는 중죄를 범했음이 틀림없다. 태형을 맞은 이가 떠돌이라면 더이상 그 도시에 머무는 것이 불가능하니, 바울은 적어도 세 군데 도시에서 추방당하는 처벌을 받았던 셈이다.

유대인 회당의 지도자나 로마의 지역 통치자 외에 일반 시민들은 바울을 어떻게 대했을까? 바울의 선교가 성공을 거둔 곳도 있었지만, 그렇지 않은 곳도 있었고 당연히 바울의 복음에 대단히 적대적으로 반응한 시민들도 있었다. 이것은 바울이 "돌로 맞은 것이 한 번"이라고 쓴 데에서 알 수 있다. 이런 장면을 상상해볼 수 있다. 바울이 한 무리의 비유대인 시민에게 설교를 한다. 그러자 시민들은 자신들이 모욕을 당했다고 느낀다. 그도 그럴 것이 바울은 비유대인들이 섬기는 신은 거짓 신이고, 그들의 관습은 어리석으며, 성윤리는 타락해 있다고 말했기 때문이다.

그 말을 들은 비유대인들은 바울이 자신들과 조상들을 한꺼번에 조롱한다고 여겨 분노했을 수 있다. 그렇기에 돌을 집어 바울에게 던졌을 것이다.(『사도행전』14:19)

이렇게 바울을 매질한 유대인, 채찍질한 로마인, 바울에게 돌을 던진 시민은 모두 '십자가에 달린 그리스도'를 받아들이지 않는 이들이었다. 그런데 바울은 예수를 따른다고 고백하는 이들한테서도 '박해'를 당했다. 바울은 그들을 '거짓 형제'라 불렀다. '거짓 형제'란 예수를 메시아로 믿는 유대인이면서도 바울과 바울의 복음에 반대하던 이들이다. 바울에 따르면 '거짓 형제'는 바울이 세운 교회를 방문하여 바울이 잘못된 복음을 전하고 있다고 비판하면서, 그의 에클레시아를 자기네 가르침에 따라 변경하려 했다.

두 손에 의로움이라는 무기를 들고

바울은 적대자들에게 온통 에워싸였던 듯하다. 그가 성공을 거둔 사례도 있지만, 회당에 모이는 유대인들, 로마의 지역 통치자들, 그리고 자기 도시의 명예가 실추당했다고 느끼는 시민들이 바울의 복음에 적대적으로, 그것도 빈번히 폭력적으로 대응한 것은 분명하다. 전승에 따르면 바울은 끝내 로마에서 목이 베여 사형당했다. 예수와 같은 십자가형은 아니었지만, 그 역시 예수처럼 로마 제국에 의해 죽임을 당한 것이다. 바울은 적대자들에게 둘러싸인 가운데서도 이렇게 썼다.

그러므로 우리는 하느님의 자비를 힘입어서 이 직분을 맡고 있으니, 낙심하지 않습니다. / "어둠 속에 빛이 비쳐라" 하고 말씀하신 하느님께서, 우리의 마음속을 비추셔서, 그리스도의 얼굴에 나타난 하느님의 영광을 아는 지식의 빛을 우리에게 주셨습니다. 우리는 이 보물을 질그릇에 간직하고 있습니다. 이 엄청난 능력은 하느님에게서 나는 것이지, 우리에게서 나는 것이 아닙니다. 우리는 사방으로 죄어들어도 움츠러들지 않으며, 답답한 일을 당해도 낙심하지 않으며, 박해를 당해도 버림받지 않으며, 거꾸러뜨림을 당해도 망하지 않습니다. 우리는 언제나 예수의 죽임당하심을 우리 몸에 짊어지고 다닙니다. 그것은 예수의 생명도 또한 우리 몸에 나타나게 하기 위함입니다. 우리는 살아 있으나, 예수로 말미암아 늘 몸을 죽음에 내어 맡깁니다. 그것은 예수의 생명도 또한 우리의 죽을 육신에 나타나게 하기 위함입니다. 그리하여 죽음은 우리에게서 작용하고, 생명은 여러분에게서 작용합니다.(『고린도후서』 4:1/6-12)

바울은 스스로 초인적인 사람, 영웅적인 사람이라고 말하지 않는다. 그는 사람들의 폭력적이고 적대적인 반응을 잘 알았다. 그 자신도 이전에는 박해자였다. 전향하기 전까지 그는 '십자가에 달린 그리스도'를 따르는 이들을 멸절시켜야 마땅하다고 판단했다. 그러나 전향 후에는 사도의 직분을 맡고 있기에 "낙심하지 않습니다"라고 선언했다. 직분을 감당하기 힘들어서 복음을 왜곡하지도 않고, 간교하게 세상과의 불화 없이 복음의 진리를 전하려고도 하지 않았다. 그는 하느님과 사람 앞에서 떳떳하다고 스스로 내세웠다. 복음에 반대하는 이들의 마음이 어두워졌을 뿐이다. 물론 자신도 복음이라는 보물을 스스로 깨달았다기보다는 깨닫게 하는 빛을 받아 알게 되었다. 자신의 현재 상태는 누가 보아도 "질그릇", 곧 보잘것없고 누추한 질그릇이다. 그 볼품없는 '질그릇'은 깨지지 않고 박해와 핍박 속에서도 고갈되지 않는 힘으로 계속해서 움직이며 복음을 전파했다. 바울은 이것이 스스로가 아니라 하느님에게서 비롯되었다고 고백한다. 사방에서 압박해도 주눅들지 않고, 고난을 당해도 마음의 생기를 잃지 않으며, 공격을 당해도 좌절하지 않고, 쓰러질지언정 끝까지 굴복하지 않았다. 이 힘의 원천은 그리스도의 죽임당함을 기억하는 자의 용기, 그리고 에클레시아를 조직하고 건설하면서 얻은 보람이었다. 『고린도후서』의 다른 곳에서도 바울은 언제나 자신 일행이 하느님의 일꾼의 품격을 잃지 않았다고 자신한다.

> 우리는 순결과 지식과 인내와 친절과 성령의 감화와 거짓 없는 사랑과 진리의 말씀과 하느님의 능력으로 이 일을 합니다. 우리는 오른손과 왼손에 의의 무기를 들고, 영광을 받거나, 수치를 당하거나, 비난을 받거나, 칭찬을 받거나, 그렇게 합니다. 우리는 속이는 사람 같으나 진실하고, 이름 없는 사람 같으나 유명하고, 죽는 사람 같으나, 보십시오, 살아 있습니다. 징벌을 받는 사람 같으나 죽임을 당하는 데까지는 이르지 않고, 근심하는 사람 같으나 항상 기뻐하고, 가난한 사람 같으나 많은 사람을 부요하게 하고, 아무것도 가지지 않은 사람 같으나 모든 것을 가진 사람입니다.(『고린도후서』 6:6 - 10)

바울의 이 글에는 역설의 수사학이 있다. 상식적으로 '십자가에 달린 그리스도'라는 주장은 미혹시키는 말처럼 들리지만 그 것이 하느님의 계획이었고, 바울은 세상의 쓰레기와 찌꺼기인 듯 스스로를 낮추며 살았지만 실상 앞으로 올 세상의 첨병이요, 믿음직한 사도였다. 그는 십자가를 전하는 과정에서 온갖 박해 와 조롱을 당하여 사회적으로나 육체적으로나 죽음의 대열에 낀 듯했지만 결코 꺾이지 않는 아무것도 아닌 것의 생명력에 감 복하던 사람이었다. 감옥에 갇혀 태형을 당하고 사람들에게 돌팔매를 당하면서도, 세상을 떠돌며 수많은 위험을 감내하면서 도 바울은 넘쳐나는 기쁨을 만끽했다. 예수가 하느님의 풍요로 움을 버리고 미천한 사람들을 풍요롭게 했듯, 바울은 가난한 여 행자 신세에 불평하지 않고 오히려 자신이 많은 사람의 삶을 풍 요롭게 한다고 믿었다. 그렇기에 그는 "아무것도 가지지 않은 사람 같으나 모든 것을 가진 사람"이라고 자부할 수 있었다. 두 손에 의로움이라는 무기를 든 채 그는 "순결과 지식과 인내와 친절과 성령의 감화와 거짓 없는 사랑과 진리의 말씀과 하느님 의 능력"에 뿌듯해했다.

바울은 십자가에 달린 그리스도에 대한 믿음으로 세상을 새로 이 바라보게 되어 아무것도 아닌 것들의 세상을 알게 되었고, 그 들과 함께하며 그들을 사랑하고, 밝아올 새 세상을 희망하며 현 실을 초월하고자 했다. 바울은 적대적인 세상 속에서 신뢰와 연 대와 희망의 공동체를 꾸려가려 했다. 그래서 자신의 에클레시아 가 자칫 그릇된 길로 가려 할 때마다 격노하여 꾸짖고 때로는 위 협하고 달래가며 바른 길을 가도록 채근했다.

바울의 유산과 현대

바울의 죽음

『사도행전』에 따르면 바울은 예루살렘을 방문해 성전에 들렀다가 유대인 군중에게 집단 린치를 당했다. 로마군 장교는 예루살렘의 소동을 진압하고, 무슨 이유에서인지 모르나 군중을 격노케 한 바울을 체포하여 심문했다. 『사도행전』의 기록과 전승을 종합하면, 이때 수감된 바울은 다시는 자유의 몸이 되지 못한다. 사정에 따라 감옥을 벗어난 적은 있지만 가택연금 등 여전히 로마군의 철저한 감시하에 있었다. 유대인 지도자들이 바울을 죽이기 위해 고용한 더둘로라는 사람은 유대 땅을 다스리던 펠릭스 총독에게 바울을 고발했다. "우리가 본 바로는, 이자는 염병 같은 자요, 온 세계에 있는 모든 유대 사람에게 소란을 일으키는

이탈리아 로마에서 바울은 목이 잘렸고, 그 자리에 '사도 바울 순교 교회'San Paolo alle Tre Fontane'가 화려하지 않게 세워졌다. 전승에 따르면 로마는 서방 교회의 두 주요 인물인 베드로와 바울이 모두 순교한 곳이다. 그러나 같은 서방 교회라도 로마 가톨릭은 로마 주교, 곧 교황이 베드로를 계승했다고 주장하면서 베드로를 높였다. 반면 바울은 프로테스탄트, 곧 개신교의 전통에서 더 욱 존경을 받았다.

자요, 나사렛 도당의 우두머리입니다."(『사도행전』24:5)

　'염병'이나 '소란'은 통치자가 가장 경계하는 사안이다. 전염성과 파괴력이 크기 때문이다. 바울은 '염병'과 '소란'을 일으키는 지하조직의 총책임자로 고발당한다. 부패하고 무능한 총독은 바울을 여러 차례 심문한 후에도 바울의 정체를 잘 알아차리지 못했다. 그는 바울 재판을 마무리하지 않고 이 골치 아픈 사건을 후임 베스도에게 넘겼다. 베스도 역시 유대인의 종교와 관련된 이 일을 깔끔하게 해결할 의지나 능력이 없었고 바울은 여전히 가이사랴 지역의 감옥에서 세월을 보내야만 했다. 마침내 베스도를 볼 기회를 얻은 바울은 '황제의 법정'에서 자신의 일을 처리하게 해달라고 청원했다. 로마 시민권자는 해당 지역 법정과 '황제의 법정' 중 하나를 선택해 재판받을 권리가 있었는데, 바울은 유대인 지도자들의 영향력을 벗어난 곳에서 재판을 받고자 했다. 바울이 '황제의 법정'을 선택한 이유는 단지 유대인 지도자들의 음모를 피하기 위해서만은 아니었다. '황제의 법정'이 제국의 심장인 로마에서 열리기 때문이기도 했다. 그는 로마에서 자신이 무죄로 풀려나면 제국의 서쪽으로 가 '십자가에 달린 그리스도'를 전하려 했다. 그러나 바울은 무죄 판결을 받지 못했다. 예수에게 일어났던 일이 바울에게도 그대로 일어났다. 그는 사형을 언도받고 도끼로 목이 잘렸다고 전해진다. 이것이 바울의 '복음'과 에클레시아에 대해 로마 제국이 취한 태도였다.

열정을 품고 거칠 것 없이 세상을 향해 내달렸던 한 젊은이가 극적인 전향을 한 뒤, 감히 범인이 따를 수 없는 삶을 살아가다 노인이 되고, 마침내 목이 잘려 시체가 되는 그 일생을 조용히 생각해본다. 상상력을 동원해 그의 풍채와 표정, 목소리와 말투, 체취 등을 그려보다가 썩어갈 육체에 비해 영원히 젊고 싱싱할 그의 영혼을 가늠해본다. 그는 자신에게 나타난 예수와 자신이 믿었던 하느님에게 성실했고, 어떠한 상황에서도 하느님의 영에 힘입어 한껏 용기를 냈다. 그래서 그는 '아무것도 아닌 것들'을 향한 하느님의 뜻과 예수의 삶을 통해 그 '아무것도 아닌 것들'과 동기애를 나누었다. 죄와 악, 죽음과 고통의 세력이 더이상 힘을 쓰지 못하는 새 세상이 올 것을 믿었던 바울은 그 꿈에 설레면서 전위적인 공동체를 만들어갔다. 또한 공동체 간의 연결망을 세우고, 함께 고통의 바다를 건너고자 했다. 악한 세력이 앞을 가로막으면 때로는 명민하게 에두르고, 때로는 정면으로 부딪혀 상처를 얻었지만 그 상처는 오히려 그가 누구인지를 알려주는 표지가 되었다. 사형 집행을 앞에 두고 바울은 어떤 마음이었을까? 이에 관해서는 어떤 자료도 남아 있지 않지만, 바울은 자신의 주인인 예수처럼 그의 죽음이 아무것도 아닌 것들의 기쁨이 되기를 소망했을 것이다. 우리의 시인 윤동주의 시 『십자가』의 한 대목은 마치 마지막 순간을 목전에 둔 바울의 심경을 대변하는 듯하다. "괴로웠던 사나이, 행복幸福한 예수 그리스도에게처럼 십자가十字架가 허락許諾된다면 모가지를 드리우고 꽃처럼 피어나는 피를 어두워가는 하늘 밑에 조용히 흘리겠습니다."

바울 이후

바울은 죽고 나서 얼마 지나지 않아 기독교사의 위대한 인물이 되었다. 누군가 남긴 시구대로, "살아 있는 사랑은 무섭지만 박제된 사랑은 멋이 있다." 살아서 급진적 사랑을 실천하고 가르칠 때는 사방에서 견제를 받았지만, 죽은 뒤 바울의 글과 생애는 신속히 박제화되면서 위대해졌다. 1세기 후반 바울의 추종자들이 그의 이름을 빌려 '제2바울서신'을 남겼을 만큼 그는 권위 있는 인물로 추앙받게 되었다. 바울의 이름을 빌린 위명 서신이지만 정경正經에 포함된 '제2바울서신'은 바울이 살던 때와는 다른 환경에서 다른 가르침을 편다. 일부 학자들은 그 서신들에 나타난 바울은 더이상 급진적이지 않고 보수화되었으며 심지어 반동적이기까지 하다고 주장한다. 2세기에 활동하던 흑해 시노페의 마르키온(85-160년경)은 사도 바울의 후계자로 자처하면서 바울의 서신과 자신이 개정한 『누가복음서』를 가지고 정경을 만들었다. 이후 이른바 '정통 기독교'는 마르키온을 이단으로 선언했지만, 바울 서신을 대거 정경에 포함시킨 마르키온의 판단만은 받아들였다. '정통'이든 '이단'이든 모두 기독교의 적통을 바울에게서 구한 셈이었다.

신약성서에서 차지하는 비중이나 후대에 미친 영향력 면에서 바울을 능가하는 신약성서의 저자는 없다. 복음, 교회, 역사, 율법, 구원, 제의, 심판 등과 관련된 기독교의 교리는 바울 서신을 기초로 형성되었다.(그런 교리가 바울 서신의 본래 의미를 잘 반영했는지 여부는 여전히 논의중에 있다.) 서양 중세 사상사에서 핵심적 인물인 북아프리카 출신의 아우구스티누스(354－430년경)가 전하는 원죄, 은혜로서의 복음, 성령과 도덕, 예정 등 주요한 가르침도 바울 서신에 근거한다. 방탕한 수사학자로 살다가 『로마서』를 읽고 회심한 아우구스티누스는 바울의 글에 끊임없이 의지하며 자신의 사상을 전개했다. 르네상스와 더불어 서양 근대의 출발점이 된 독일의 종교개혁 지도자 마르틴 루터(1483-1546)가 바울의 『로마서』 및 『갈라디아서』에서 당시의 가톨릭과는 완전히 다른 사상의 돌파구를 찾았다는 것은 널리 알려진 사실이다. 루터의 사상이 단지 신학의 영역에 머물지 않은 것은 물론이다. 제네바를 직접 통치하기도 했던 프랑스 종교개혁자 장 칼뱅(1509 - 1564) 역시 바울에 천착했다. 19세기에 프리드리히 니체가 동시대 기독교를 비판하면서 예수 대신 바울을 매우 신랄하게 고발한 것은 기독교의 창시자를 예수가 아닌 바울로 보았기 때문이다. 20세기 들어 적지 않은 서양의 지성인들은 더이상 종교, 그중에서도 특히 기독교가 설 땅이 없어졌다고 생각했다. 그들은 인간의 이성과 도덕, 자유의 힘이 기독교를 대체하리라 믿었다. 그러나 그러한 기대는 1차 세계대전을 겪으며 완전히 무너졌다. 이후 스위스의 신학자 카를 바르트(1886 - 1968)는 계몽주의와 합리주의에 물든 서양 지성계 앞에 『로마서 주석』을 내놓았고, 이 책에서 인간의 죄악에 대한 바울의 통찰과 십자가의 고통을 통해 나타난 하느님의 계시가 어떻게 오늘날 인간이 일구어낸 문화에 도전하고 있는지를 알렸다. 바르트의 사자후가 잊혀져갈 무렵, 바울을 다시 서양 지성계의 한복판에 올려놓은 이들이 나타났다. 그들은 놀랍게도 20세기 내내 기독교와 사상적 대결을 펼쳤던 마르크스주의자들 혹은 (급진)좌파 철학자들이었다.

오늘날 지성계가 바울을 다시 소환하는 이유는 베를린 장벽이 무너진 1989년 이후 나타난 특징적인 현상, 이른바 '역사의 종말'과 관련되어 있다. 베를린 장벽의 붕괴는 공산주의에 대한 자본주의의 승리로 보였고, 자본주의 중에서도 신자유주의가 정치 및 경제 질서의 주요 이념으로 부상하는 계기가 되었다. 신자유주의적 자본주의에 저항하는 공동체주의는 특정한 지역·인종·종교·문화를 근거로 하는 것이었고, 자본주의의 보편성에 맞서 개별성과 독자성을 강조하면서 불가피하게 연대와 평등, 보편의 가치를 희생시켰다. 특수성을 강조하는 이념으로는 신자유주의의 탐욕과 착취, 빈곤에 맞서기에 역부족이었다.

서양의 중세, 근대, 그리고 '근대 이후'의 시작점 등 역사의 전환기마다 바울은 다시 소환되었다. 현대 철학자들, 심지어 종교와 대결했던 진영의 철학자들마저 바울에게서 '아무것도 아닌 것들'의 희망을 보았다. 그 희망 탐색은 다채롭게 진행되었다. 알랭 바디우는 바울을 하나의 우화寓話로 간주하고 자신의 전복적 철학의 틀에 바울을 끌어와 전유하려 했다. 자크 데리다는 그의 후반기 사상의 핵심인 법과 정의의 문제를 논할 때 바울에게서 영감을 얻었다. 조르조 아감벤은 『로마서』의 처음 부분을 길고 상세하게 주석하면서 메시아와 그의 시간에 관해 논한 바 있다. 슬라보예 지젝은 자신의 전투적인 무신론 신학을 위해 바울의 텍스트를 끌어다 썼다. 그밖에도 여러 학자들이 자신만의 방식으로 바울을 전유했다.

이들의 작업을 두고, 바울을 존중하며 그가 무슨 말을 하는지에 관심을 쏟기보다는 각자의 사상과 논점을 위해 바울을 단장취의斷章取義한다는 비판도 제기된다. 일리 있는 비판이지만 이러한 일이 바울을 두고 처음 일어난 것도 아니고, 마냥 악의적으로 바라볼 일도 아니다. 시공간을 넘어서 자신의 글과 삶이 오늘날 고통에 처한 세계와 사람들에게 힘을 준다면, 더구나 그것이 '아무것도 아닌 것'을 위한 것이라면 바울은 기꺼이 자신을 역사의 제단에 바칠 것이고, 그 제단에 자신의 "피를 붓는 일"이라도 기쁨으로 받아들일 것이기 때문이다.

그러므로, 사랑하는 여러분, 여러분이 언제나 순종한 것처럼, 내가 함께 있을 때뿐만 아니라, 지금과 같이 내가 없을 때에도 더욱더 순종하여서, 두렵고 떨리는 마음으로 자기의 구원을 이루어 나가십시오. 하느님은 여러분 안에서 활동하셔서, 여러분으로 하여금 하느님을 기쁘게 해드릴 것을 염원하게 하시고 실천하게 하시는 분입니다. 무슨 일이든지, 불평과 시비를 하지 말고 하십시오. 그리하여 여러분은, 흠이 없고 순결해져서, 구부러지고 뒤틀린 세대 가운데서 하느님의 흠 없는 자녀가 되어야 합니다. 그리하면 여러분은 이 세상에서 별과 같이 빛날 것입니다. 생명의 말씀을 굳게 잡으십시오. 그리하면 내가 달음질한 것과 수고한 것이 헛되지 아니하여서, 그리스도의 날에 내가 자랑할 수 있을 것입니다. 그리고 여러분의 믿음의 제사와 예배에 나의 피를 붓는 일이 있을지라도, 나는 기뻐하고, 여러분 모두와 함께 기뻐하겠습니다. 여러분도 이와 같이 기뻐하고, 나와 함께 기뻐하십시오.(『빌립보서』 2:12-17)

1 Diane L. Moore, *Overcoming Religious Illiteracy: A Multicultural Approach to Teaching About Religion in Secondary Schools* (NY: Palgrave, 2007) 참조. 이 책의 요지는 "Overcoming Religious Illiteracy: A Cultural Studies Approach", http://worldhistoryconnected.press. illinois.edu/4.1/moore.html에서 찾아볼 수 있다.

2 '그레코-로만'은 로마 제국이 정치적, 경제적으로 지중해 세계의 패권을 가지고 있었지만, 문화적으로는 헬라 문화가 지배적이었던 세계를 가리킨다.

3 2009년 6월, 로마에서 사도 바울의 것으로 추정되는 석관과 유골이 발굴되었다. 석관에는 라틴어로 "순교자 사도 바울"이라는 글귀가 새겨져 있었고, 열린 적이 없는 것으로 보이는 석관 안에는 방사선 연대 측정 결과 1세기 즈음으로 거슬러올라가는 향로 조각, 자주색과 청색의 아마포, 작은 뼛조각이 있었다. 교황 베네딕트 16세가 이 석관을 사도 바울이 몸을 누인 진품이라고 선언했지만, 그것은 알 수 없는 일이다. 유럽 전역에서 예수의 십자가 나무 조각이라고 알려진 성물聖物들을 모으면 십자가 하나가 아니라, 숲이 만들어진다는 우스갯소리도 있다.

4 지금은 '유대인'으로 통칭하지만 성서나 이스라엘 역사에서 '유대인'은 우리가 보통 사용하는 의미와는 다른 방식으로 쓰였다. 가장 이른 시기에 나온 말은 '히브리인'이다. '히브리'는 이집트에서 하층민을 가리키던, 곧 계층

을 나타내는 용어이다. 모세는 그 히브리인들을 이끌고 이집트를 탈출한다. 이집트 탈출 시기에 대해서는 매우 많은 논쟁이 있다. 대략 람세스 2세(기원전 13세기) 때라고 알려져 있으니, '히브리'라는 용어는 그 이전에 이미 만들어졌다고 볼 수 있다. 탈출한 히브리인들은 시나이 반도에 있는 산, 곧 시나이 산에 도착하는데, 히브리인들을 탈출하도록 한 신 야훼는 계약의 형식을 빌려 히브리인들을 자신의 백성으로 삼는다. 이때 히브리인들은 '이스라엘'이 된다. '이스라엘'은 '하느님의 언약 백성'이라는 뜻이다. '히브리'가 계층을 가리키는 용어라면 '이스라엘'은 계약 관계에서 유래한 용어이다.

이스라엘은 야곱의 열두 아들에서 기원하는 12지파로 구성되어 있다고 전해지는데, 그중 '유다'라는 아들이 있었다. 이스라엘이 왕국이 되었을 때 유다 지파에서 다윗과 솔로몬이 나와 이스라엘을 다스렸다. 솔로몬 이후 이스라엘이 분열되어 남쪽에는 예루살렘을 중심으로 유다 지파가 다스리는 '남유다' 왕국, 북쪽에는 도시 사마리아를 근거지로 한 '북이스라엘' 왕국이 건립되었다. 북이스라엘은 기원전 722년경 아시리아에, 남유다는 기원전 587/586년경 바빌로니아 제국에 패망하는데, 교차 이주 정책을 시행하던 바빌로니아는 예루살렘에 있던 유다 지파 사람들을 바빌론으로 끌고 갔다. 이후 고레스(혹은 사이러스)가 이끄는 페르시아 제국이 바빌로니아 제국을 멸망시킨 후 전쟁 포로로 끌려온 유다 지파 사람들의 귀환을 허락했다. 이때 유다 지파 사람들이 예루살렘으로 돌아가게 되는데(기원전 537년) 이 유다 지파 사람들을 '유다인' 혹은 '유대인'이라고 불렀다. '유태인猶太人'은 '유다인/유대인'을 한자로 옮기면서 생긴 명칭이다. 정리하자면, 히브리인은 사회계층을 가리키는 용어이고, 이스라엘은 계약 맥락에서, 유대인은 지파의 이름에서 비롯되었다. 엄격하게 구분하여 쓰기도 하지만 적지 않은 경우 섞어 쓰이고 있다.

5   이때 전쟁 포로로 끌려간 유대인들은 정복자 바빌로니아 사람들에게 큰 적개심을 가졌는데, 이를 잘 표현한 시가 유명한 『시편』 137편이다. 이 시는 자신의 처지를 한탄하고, 고향을 향한 노스텔지어의 정서로 시작하지만 복수를 꿈꾸며 끝난다.(『시편』 번역은 그 운율을 잘 살린 '공동번역 개정판'을 따랐다.)

바빌론 기슭, 거기에 앉아 시온을 생각하며 눈물 흘렸다. 그 언덕 버드나무 가지 위에 우리의 수금 걸어놓고서. 우리를 잡아온 그 사람들이 그곳에서 노래하라 청했지만, 우리를 끌어온 그 사람들이 기뻐하라고 졸라대면서 "한 가락 시온 노래 불러라." 했지만 우리 어찌 남의 나라 낯선 땅에서 야훼의 노래를 부르랴! 예루살렘아, 내가 너를 잊는다면, 내 오른손이 말라버릴 것이다. 네 생각 내 기억에서 잊혀진다면 내 만일 너보다 더 좋아하는 다른 것이 있다면 내 혀가 입천장에 붙을 것이다. 야훼여, 잊지 마소서. 예루살렘이 떨어지던 날, 에돔 사람들이 뇌까리던 말, "쳐부숴라, 바닥이 드러나게 헐어버려라." 파괴자 바빌론아, 네가 우리에게 입힌 해악을 그대로 갚아주는 사람에게 행운이 있을지라. 네 어린 것들을 잡아다가 바위에 메어치는 사람에게 행운이 있을지라.(『시편』 137편)

233
주

6   Seneca, *Epistle* (Loeb Classical Library), 90,44.

7   Strabo, *Geography*, xiv (Loeb Classical Library), 5, 13.

8   예수도 일상어로는 아람어를 사용했다. 그러나 그가 특별히 배운 바도 없이 히브리어 혹은 아람어로 된 글을 읽을 줄 알았기에 그와 함께 살았던 동네 사람들은 예수의 지혜와 지식이 어디에서 났는지를 의아해했다.(『마태복음서』 13:53-58, 『마가복음서』 6:1-6, 『누가복음서』 4:16-24)

9   EBS 〈다큐프라임〉 '강대국의 비밀—1부 로마 시민권'은 로마 부흥의 주요 동력이었던 로마 제국의 시민권 개념을 흥미롭게 알려준다.(https://www.youtube.com/watch?v=tgITngdQk-0)

10   제롬 머피 오코너, 『바울 이야기』, 정대철 옮김(두란노, 2006) 참조.

11   샤이 J. D. 코헨, 『고대 유대교 역사: 마카비 시대부터 미쉬나까지』, 황승일 옮김(은성, 1994) 참조.

12   사실 오늘날 '한국인은 누구인가?'라는 질문에 답하기도 쉽지 않기는 마찬가지다. 우리는 민족주의와 국가주의의 터널을 지나왔고, 아직도 정치 영역에서 쉽게 감정을 동요케 하는 이 감정적 '주의'들이 정치적 필요에 의해 강력히 동원된다. 그러나 '한국인'을 부르는 그 부름에 응답할 사람이 누구인지 알기란 예상만큼 쉽지는 않다.

13 유대인에게는 그냥 '법'이지만, 다른 법과 구분하기 위해 편의상 '율법'으로 쓰기로 한다.

14 "너희 가운데서, 남자는 모두 할례를 받아야 한다. 이것은 너와 네 뒤에 오는 너의 자손과 세우는 나의 언약, 곧 너희가 모두 지켜야 할 언약이다. 너희는 포피를 베어서, 할례를 받게 하여라. 이것이 나와 너희 사이에 세우는 언약의 표이다."(『창세기』17:10-11)

15 자신만을 섬기지 않았다고 진노하여 자신의 백성을 죽이는 이스라엘의 신 '야훼'에 대해서 현대인들은 자연스레 의아함과 의문을 가질 것이다. 이에 관해서는 필자도 직접 출연한 바 있는 CBS TV 프로그램 〈낸시랭의 신학펀치〉 제5회 '하느님은 왜 아이까지 죽이라고 했나요?'(http://www.youtube.com/watch?v=XTZroRo9_Bw), 제7회 '생명의 하느님이 왜 사람을 바치라고 했나요?'(http://www.youtube.com/watch?v=bhB_PL0z1Xc), 제9회 '지옥의 영원한 형벌, 너무 심하지 않나요?'(http://www.youtube.com/watch?v=Ik2dXQW8cSc) 참조.

16 이 독립 왕국 시기는 유대인들이 기원전 587/586년에 나라를 잃은 이후 유일하게 독립을 이룬 때였다. 이 왕조가 하스모니안 왕조(기원전 141~기원전 63)다. 그러나 기원전 63년 유대인들은 또다시 로마 제국의 지배를 받는다. 이후 1948년 현대 국가 이스라엘이 건국되기까지 유대인들은 계속해서 다른 민족의 지배를 받았다. 고대의 한 작가는 이런 유대인들을 두고 "숙명적으로 노예 생활에 적합한 민족"이라고 조롱하기까지 했다.

17 주 5 참조.

18 Tacitus, *Histories* (Loeb Classical Library), 5:13.

19 G. Theissen, "Vom Davidssohn zum Weltherrscher. Pagane und jüdische Endzeiterwartungen im Spiegel des Matthäusevangeliums," in *Das Ende der Tage und die Gegenwart des Heils. Begegnungen mit dem Neuen Testament und seiner Umwelt*, eds., M. Becker & W. Fenske (Leiden: Brill, 1999), 145-164쪽.

20 "죽을 죄를 지어서 처형된 사람의 주검은 나무에 매달아두어야 합니다. 그러나 당신들은 그 주검을 나무에 매달아둔 채로 밤을 지내지 말고, 그날로

묻으십시오. 나무에 달린 사람은 하느님께 저주를 받은 사람이기 때문입니다. 당신들은 주 당신들의 하느님이 당신들에게 유산으로 준 땅을 더럽혀서는 안 됩니다."(『신명기』21:22-23)

21 마커스 J. 보그, 『예수 새로보기』, 김기석 옮김(한국신학연구소, 1996) 참조.

22 조르조 아감벤, 『호모 사케르: 주권 권력과 벌거벗은 생명』, 박진우 옮김(새물결, 2008), 156쪽.

23 같은 책, 175쪽.

24 바울에게 '마지막 날'은 의미심장한 것이었다. '마지막 날'에 관한 이야기들을 체계적으로 모은 것이 '종말론'인데, 예수와 바울을 비롯한 동시대의 적지 않은 사람들이 '묵시문학적 종말론'을 사고의 형식으로 품고 있었다. '묵시'란 '계시'를 달리 부르는 말이고, 묵시주의 혹은 묵시문학 운동은 하느님의 '계시'에 따라 세상을 이해하는 특정한 방법에 기반을 둔 활동을 뜻한다. 묵시주의의 큰 특징은 현실 세계에서 벌어지는 선한 세력('우리')과 악한 세력('그들') 배후에 초자연적 세력, 곧 선한 '우리 하느님'과 악한 '너희 사탄/악마'가 있다는 믿음이다. 그 믿음은, 선한 '우리 하느님'은 우주를 통치하는 능력을 가졌는데, 그 하느님이 우주의 진행과정에 관한 계획을 '계시'의 형태로 특정 인물에게 보여주었고, 그 특정 인물의 계시 내용에 따라 선과 악 사이의 투쟁에 성실하고 용감하게 임해야 한다고 가르친다. 신약성서 중 『요한계시록』이 묵시문학을 잘 보여준다. 묵시문학은 선과 악, 현재와 미래, 우리와 너희 사이의 날카로운 이원론과, 전자가 결국에는 완전한 승리를 거둔다는 결정론을 특징으로 한다. 묵시문학적 종말론에 따르면 선한 우리 하느님이 역사에 개입을 시작하는 결정적인 때가 있는데, 성서에 나타난 예수는 "때가 찼다"고 외치면서 그때의 시작과 자신의 사역을 결부시킨다.(『마가복음서』1:14-15) 바울도 부활한 그리스도를 통해 예수가 결정적인 때의 시작이라고 선언한다.

25 성서에서 '구원'은 '죽어서 천당에 가는 것'이 아니다. 성서의 구원은 내세에 대해 극히 말을 아낀다. 구원은 하느님과 더불어 사는 것이고, 그로부터 나오는 안녕과 기쁨(히브리어로는 '샬롬')이 가득한 삶을 이웃과 더불어 누리는 것이다.

26 어떤 이들은 하느님이 인간과 '화해'를 하는 것이지, 인간 편에서는 하느님에게 화해할 거리 혹은 원망할 거리가 없다고 주장한다. 그들은 우리말 번역으로는 "여러분은 하느님과 화해하십시오"라고 되어 있지만, 여기서 '화해하십시오'라는 동사는 수동태이고, 이것은 이른바 '신적 수동태'를 의미한다고 논증한다. 신적 수동태란 수동태 문장의 행위자가 숨어 있지만, 그 숨어 있는 주체가 신(神)인 경우를 가리킨다. 그러나 구약성서에는 우리가 인용한 『전도서』말고도 여러 곳에서 하느님을 향한 원망과 삶의 고통을 호소하여 에둘러 하느님을 '고발'하는 본문이 얼마든지 있다. 『욥기』는 하느님을 법정에 세워 고발하는 대표적인 작품이다. 하느님을 고발하고 원망하는 사람들은 얼마든지 있고, 그 고발과 원망의 핵심에는 하느님의 사랑 없음과 무능력이 있다. 바울은 하느님이 예수를 통하여 그의 사랑과 능력을 입증했다고 설득하면서, 자신이 그 화해의 '사절'이라고 변론한다.

27 그리스 신화에서 '아낭케'는 제우스의 아버지 크로노스의 딸이다. 고대 그리스 여행 작가인 파우사니아스에 따르면 고대 고린도에는 아낭케 여신과 비아('폭력'을 의미) 여신을 함께 예배하는 신전이 있었다고 전해진다. 아낭케의 라틴식 이름은 네케시타스^{Necessitas}다.

28 '구경거리'는 '극장^{theater}'의 어원인 헬라어 세아트론^{θέατρον}의 번역이다.

29 알랭 바디우, 『사도 바울: '제국'에 맞서는 보편주의 윤리를 찾아서』, 현성환 옮김(새물결, 2008), 111쪽.

30 노동을 하지 않는 로마 귀족들은 육체를 멋지게 만드는 데 관심이 많았다. 로마 시의 공중목욕탕은 무료로 운영되었지만, 그곳에 가면 누가 부유하고 누가 가난한지 금방 티가 났다. 부유한 이들은 온종일 어두운 곳에서 일하는 가난한 이들과는 달리 운동으로 잘 다져진 근육과 구릿빛 피부를 자랑했다. 반면 가난한 이들은 하얀 피부에 근육 상태가 부실했다.

31 바울의 편지에 관해 자세한 정보는 김학철, 『성서, 그토록 오래된 새 이야기』(Bluesword, 2008), 51-58쪽 참조.

32 마커스 J. 보그·존 도미닉 크로산, 『첫 번째 바울의 복음』, 김준우 옮김(한국기독교연구소, 2010), 24-27쪽.

33 같은 책, 45-82쪽.

34 기독교에 대한 지젝의 여러 책 가운데 특히『죽은 신을 위하여』, 김정아 옮김(길, 2007) 참조.

35 이 비문에 대한 자세한 소개와 사진 자료는 http://masseiana.org/priene. htm 참조.

36 율리우스 카이사르가 로마의 중앙 보직에 진출할 때 가장 탐냈던 직책이 'pontifex maximus', 곧 '로마의 대제사장'이었다. 그것은 기한이 없는 평생직이었다. 대제사장과 통치자의 구분이 없던 고대 로마 사회에서는 '정치와 종교를 분리'하려는 시도 자체가 특정한 정치적 태도가 된다.

37 주 24 참조.

38 영어로도 'to be Corinthianized'라는 표현은 '매우 부도덕하고 게걸스럽다'라는 뜻이다.

39 이스트무스 축제는 올림피아 축제에 이어 그리스에서 두번째로 규모가 큰 축제였다. 운동경기뿐 아니라 드라마, 음악, 연설 등이 축제의 일환으로 열렸는데, 모두 경쟁의 형태를 띠었다.

40 십자가형의 기원은 최소한 페르시아 시대(기원전 538-333)로 거슬러올라가고, 아시리아나 카르타고에서도 십자가형이 있었다.

41 테드 W. 제닝스의『데리다를 읽는다 / 바울을 생각한다: 정의에 대하여』(박성훈 옮김, 그린비, 2014)는 바울의『로마서』와 데리다가 바울의 주요 주제를 추적하는 방식을 엮어, 그 두 사유 사이의 유사성을 조직적이고 간명하게 드러낸다.

42 이 장면을 묘사한 성서의 본문은 다음과 같다.

> "성전을 허물고, 사흘 만에 짓겠다던 사람아, 네가 하느님의 아들이거든, 너나 구원하여라. 십자가에서 내려와 보아라." 그와 같이, 대제사장들도 율법학자들과 장로들과 함께 조롱하면서 말했다. "그가 남은 구원했으나, 자기는 구원하지 못하는가 보다! 그가 이스라엘 왕이시니, 지금 십자가에서 내려오시라지! 그러면 우리가 그를 믿을 터인데! 그가 하느님을 의지했으니, 하느님이 원하시면, 이제 그를 구원하시라지. 그가 말하기를 '나는 하느님의 아들이다' 했으니 말이다." 함께 십자가에 달린 강도들도 마찬가지로 예수를 욕했

다. (『마태복음서』 27:40-44)

43 하느님의 사랑을 받아 '하느님의 자녀'가 된다는 선언은 그레코-로만 세계에서 대단히 놀라운 것이었다. 당시 신의 가족은 통치자와 그 가족을 가리켰다. 아무것도 아닌 것들을 하느님이 자신의 가족으로 받아들인다는 소식은 '복음' 그 자체였다.

44 이 편지를 쓸 때 바울의 나이는 많아야 50대 중반이었을 것이다. 오늘날 같은 100세 시대에는 중년 정도에 해당하지만, 채 서른 살을 넘기지 못했던 당시 평균 수명을 고려하면 그 정도 연령대도 '노인'으로 불릴 수 있었다.

45 앞서 설명했듯이 '히브리'라는 단어는 계층을 나타내는 말이다. 히브리의 어원으로 추정되는 '합비루' 혹은 '아비루'에 대한 번역어로, 나는 '어중이 떠중이'를 가장 선호한다.

46 조르조 아감벤, 『남겨진 시간: 로마인들에게 보낸 편지에 관한 강의』, 강승훈 옮김(코나투스, 2008), 52쪽.

47 이자익에 관한 일화는 증산교의 경전인 『도전道典』(5:174)에도 나온다. 이 일화는 기본적으로 강증산의 신통력과 다정함을 보도하려는 의도를 가지고 있는데, 이자익을 수혜자로 등장시켜 유명한 기독교 '목사'에 대한 우월성을 드러내고자 한다.

> "목사 이자익을 건네주심"
> 1 하루는 팥정이에 사는 장로교 조사助事 이자익李自益이 상나무쟁이에서 큰 비로 불어난 내를 건너려고 옷을 벗으려 하는데
> 2 상제님께서 다가가 물으시기를 "이 목사, 내가 건네주랴?" 하시거늘
> 3 자익이 황공하여 "선생님 부탁드립니다." 하고 벗던 옷을 다시 입으니
> 4 상제님께서 자익을 한 손으로 옆구리에 끼시고 폭이 수십 보가 되는 내를 한 걸음으로 뛰어넘으시니라.

48 이 정의에 대한 해설은 게르트 타이센, 『기독교의 탄생: 예수 운동에서 종교로』, 박찬웅·민경식 옮김(대한기독교서회, 2009), 25-50쪽 참조.

49 세례는 '침례浸禮'라고도 한다. 오늘날의 세례는 침례의 약식이다. 침례는 몸이 모두 물속에 잠겼다가(이전 삶의 죽음), 다시 물 밖으로 나오는(새로운 삶으로 태어남) 두 행위가 핵심이다.

50 가브리엘 엑셀 감독의 덴마크 영화 〈바베트의 만찬Babettes gæstebud〉(1987)은 '하느님의 은혜'가 금욕주의나 종교적 엄격함이 아니라 너그러운 밥상을 통해 가능하다는 것을 잘 보여준다.

51 예수는 자신을 3인칭 인자人子, 곧 '사람의 아들'로 종종 불렀다. 이 자기 칭호에 담긴 뜻에 대해 크게 두 가지 의견이 있다. 하나는 그저 평범한 인간을 가리킨다는 주장이고, 다른 하나는 그 칭호가 신적인 능력과 영광을 암시한다는 견해다. 『요한복음서』에서는 후자의 의미가 더 강하다고 할 수 있다.

52 '성공회'는 16세기에 영국 헨리 8세가 이혼 문제로 로마 가톨릭에서 독립하여 세운 영국국교회를 말한다. 이후 성공회는 세계 각지로 전파되며 발전했다.

53 오리게네스, 『로마서 주석』, 10.17.2.

54 우리말 성서 가운데 이러한 번역을 채택한 판본(『200주년 기념성서』)도 있다.

55 CBS TV 프로그램 〈낸시랭의 신학편치〉 제20회 '여자는 왜 교회에서 잠잠해야 하나요?'(https://www.youtube.com/watch?v=p0vBq4YxXAw) 참조.

56 이러한 능력들을 신약성서에서는 흔히 '카리스마'라고 부른다. 헬라어 '카리스마'는 신적인 존재로부터 선물로 받은 재능을 가리킨다. 영어의 'gift'는 재능과 선물을 모두 뜻하는데, '카리스마'의 유래와 상응한다고 볼 수 있다.

위대한 순간 005

아무것도 아닌 것들의 기쁨
- 사도 바울과 새 시대의 윤리

1판 1쇄 2016년 1월 29일
1판 3쇄 2021년 10월 15일

지은이 김학철
책임편집 김영옥
편집 송지선 허정은 고원효
디자인 장원석
마케팅 정민호 이숙재 우상욱 정경주
홍보 김희숙 함유지 김현지 이소정 이미희
제작 강신은 김동욱 임현식
제작처 한영문화사

펴낸곳 (주)문학동네 | 펴낸이 염현숙
출판등록 1993년 10월 22일 제406-2003-000045호
주소 10881 경기도 파주시 회동길 210
전자우편 editor@munhak.com | 대표전화 031)955-8888 | 팩스 031)955-8855
문의전화 031)955-1933(마케팅), 031)955-1905(편집)
문학동네 카페 http://cafe.naver.com/mhdn | 트위터 @munhakdongne
북클럽문학동네 http://bookclubmunhak.com

ISBN 978-89-546-3947-7 03230

www.munhak.com